David und Claudia Arp

Und plötzlich sind sie dreizehn

oder

Die Kunst, einen Kaktus zu umarmen

David und Claudia Arp

Und plötzlich sind sie dreizehn

oder

Die Kunst, einen Kaktus zu umarmen

So begleiten Sie Ihr Kind durch die Teenagerzeit

BRUNNEN
VERLAG GIESSEN · BASEL

ABCteam-Bücher erscheinen in folgenden Verlagen:
Aussaat Verlag Neukirchen-Vluyn
R. Brockhaus Verlag Wuppertal und Zürich
Brunnen Verlag Gießen und Basel
Christliches Verlagshaus Stuttgart
Oncken Verlag Wuppertal und Kassel

Titel der amerikanischen Originalausgabe:
Almost Thirteen. Shaping your child's teenage years today.
Thomas Nelson Publishers, PO 141 000, Nashville TN 37214, USA.
Für die deutsche Veröffentlichung neu bearbeitet und aktualisiert.

Übersetzung aus dem Amerikanischen: Lilli Schmidt
Lektorat: Renate Hübsch

6. Auflage 1997

Umschlaggestaltung: Ralf Simon
Satz: Die Feder GmbH, Wetzlar
Herstellung: St.-Johannis-Druckerei, Lahr
ISBN 3-7655-1070-x

Inhalt

Teil 1

Vier Säulen einer guten Beziehung

Kapitel 1

Ach ja, damals, als wir noch auf jede Frage eine Antwort hatten ...

Die folgende Begebenheit haben uns Freunde von uns erzählt. Es ist in vieler Hinsicht eine „typische" Elterngeschichte – typisch zumindest für Eltern, deren Kinder allmählich den Kinderschuhen entwachsen. Unseren Freunden hat der Vorfall, wie sie sagten, schlagartig deutlich gemacht, daß die Zeiten, in denen es für jedes Problem eine einfache Lösung gab, unwiderruflich dem Ende zugingen.

Ralf und Kristin hatten einige schwierige Monate hinter sich. Ralf als Vertreter hatte den größten Teil des Sommers auf Straßen und Autobahnen zugebracht, während Kristin mit vier Kindern allein zu Hause die Stellung halten mußte – mit allen Terminen und Verpflichtungen, die das mit sich brachte: Ballettunterricht, Schwimmtraining, Fußballverein, Jugendkreis, Pfadfindertreffen – von ihrem eigenen beruflichen Engagement als Autorin mal ganz abgesehen.

Um sich nicht vollkommen fremd zu werden, arrangierten Ralf und Kristin einen Kurzurlaub für sich allein. Die drei jüngeren Kinder schickten sie mit einer befreundeten Familie für eine Woche an die See, während Gerrit, der Älteste, beschlossen hatte, bei seinen Großeltern zu bleiben und sich in deren Landwirtschaft nützlich zu machen, um sein Taschengeld aufzubessern.

Die Arbeit auf dem Hof war für den gerade Dreizehnjährigen ungewohnt und anstrengend. Gerrit reparierte Zäune, fegte den Hof und räumte in der Scheune auf. Es war daher einleuchtend, daß er die Einladung seiner Großeltern zu einem auswärtigen Abendessen oder ihre Frage, ob er sie bei Besorgungen begleiten wolle, ablehnte und sagte: „Ich bin hundemüde; ich bleibe lieber zu Hause."

Müde war er tatsächlich, aber es war noch ein Hintergedanke dabei. In jenem Sommer hatten Kristins Eltern zwei neue Autos gekauft, einen kleinen hellgrauen Chevrolet und einen großen schwarzglänzenden BMW. Die Schlüssel steckten entweder im Schloß oder lagen auf einem Regal in der Küche.

Die beiden neuen Wagen faszinierten den Dreizehnjährigen, besonders der BMW. Es würde zwar noch einige Jahre dauern, bis Gerrit Fahrstunden nehmen konnte, aber er hatte seine Eltern schon oft zu überzeugen versucht, daß sie ihm jetzt schon das Fahren beibringen sollten.

Jetzt war die Versuchung einfach zu groß. Gerrit beschloß, fahren zu lernen – auf eigene Faust. Kaum waren die Großeltern fort und er allein, begann er seine Fahrstunden in dem funkelnden neuen BMW. Zunächst fuhr er die lange asphaltierte Zufahrt zum Hof auf und ab. Dann lenkte er das Auto auf einen angrenzenden großen Platz und erforschte durch Kreise, Serpentinen und Schleifen die Geheimnisse der Lenkung. Schließlich wagte er sich auch auf die leicht ansteigende Straße gegenüber dem Haus.

Bei einem dieser heimlichen Ausflüge wurde der Junge von einem heftigen Regenguß überrascht. Er geriet mit dem Wagen auf eine wasserglatte Stelle und verlor die Kontrolle über das Fahrzeug. Das Auto rutschte über den Gehsteig und prallte mit dem Kotflügel gegen einen großen Stein. Dann schleuderte der Wagen wieder zurück, drehte sich um seine eigene Achse, und auch das Heck des Wagens kam nun in unsanften Kontakt mit dem Steinbrocken.

Als die Großeltern zurückkamen, lautete Gerrits Erklärung: „Jemand hat den Wagen gestohlen und ihn da oben gegen den Felsen gesetzt." Der Großvater ging mit dem Jungen zu der Unfallstelle, aber er nahm seinem Enkel diese Geschichte nicht ab. Statt dessen fragte er so lange nach, bis der Junge schließlich mit der Wahrheit herausrückte. Der Großvater sagte: „Gerrit, eins sollst du wissen: Wir haben dich sehr lieb – und wir verzeihen dir. Diese Sache soll nicht zwischen uns stehen."

Ralf und Kristin würden in einigen Tagen zurückkehren, und er wollte es ihnen überlassen, welche Konsequenzen Gerrits Verhalten haben sollte.

Als Ralf und Kristin die Auffahrt hinauffuhren, fiel ihnen auf, daß der BMW nicht an seinem üblichen Platz stand. Gerrit öffnete ihnen die Tür, und seine Eltern fragten wie aus einem Munde: „Wo sind Oma und Opa? Wo ist das Auto?"

„Pst ...", machte Gerrit. „Die Kleinen müssen das nicht mitkriegen. Ich erzähle euch alles später. Es ist alles okay, wirklich."

Seine rasche Entgegnung beruhigte Ralf und Kristin keineswegs; also befragten sie die Großeltern. Aber auch die wollten keine Stellung nehmen. Die beiden ließen jedoch nicht locker, bis Gerrit schließlich beichtete, was geschehen war.

In dieser Nacht schliefen Ralf und Kristin nicht gerade gut. Wie jedes andere Elternpaar in ähnlicher Lage fragten sie sich: „Was haben wir falsch gemacht? Hätten wir die Eltern bitten sollen, die Schlüssel außer Gerrits Reichweite aufzubewahren? Jungen sind nun mal von Autos fasziniert ..."

Schließlich kamen sie zu der Erkenntnis, daß sich ihr Sohn jetzt in einem Alter befand, in dem sie nicht mehr alle Autos und sonstigen Versuchungen der Welt vor ihm verschließen konnten. So versuchten sie, das Positive an der Sache zu sehen. Weder ihr Sohn noch jemand anders war verletzt worden. Es drohte keine Gerichtsverhandlung. Die Großeltern hatten sich überaus verständnisvoll gezeigt. Und in ein paar Tagen würde die Familie wieder nach Hause zurückkehren, und niemand dort würde erfahren, was hier passiert war.

Aber dennoch konnten sie sich über das Negative nicht einfach hinwegsetzen. Woher sollten sie die beträchtliche Summe nehmen, die die Reparatur des Wagens verschlingen würde? War dieser Unfall vielleicht nur ein Vorbote für weiteres Unheil? Wie sollten sie eigentlich die Teenagerjahre von vier Kindern überstehen, wenn schon im allerersten Jahr ein solches Problem auftauchte?

Jedes Elternpaar, das Kinder hat, die sich dem Teenageralter nähern oder bereits mitten in den „Flegeljahren" sind, kann sich vermutlich vorstellen, wie Ralf und Kristin zumute war. Wahrscheinlich haben Sie es gerade nicht mit einem demolierten Auto zu tun, aber sicher haben Sie Ihre eigene Version dieser Geschichte zu erzählen. Wenn Ihre Kinder noch in den letzten Kindheitsstadien stecken, sind Ihnen vielleicht noch keine wirklich schwerwiegenden Probleme begegnet. Aber die Wahrscheinlichkeit ist groß, daß Sie sich hin und wieder besorgt fragen: Was wird noch alles auf uns zukommen?

Am nächsten Morgen luden Ralf und Kristin Gerrit zum Eisessen ein. Hier würde sich die geeignete Umgebung bieten, um mit Gerrit zu reden, ohne daß die jüngeren Kinder zuhörten.

Zuerst sagte niemand etwas. Jeder sog an seinem Milkshake. Schließlich begann Ralf das unvermeidliche Gespräch: „Solange du klein warst, Gerrit, konnten wir dich beschützen. Wenn du einem anderen Kind Sand auf den Kopf geschüttet oder mit Steinen nach Autos geworfen hast, konnten wir eingreifen, und es entstand kein großer Schaden. Aber jetzt sind die Folgen schwerwiegender. Ein anderes Auto hätte in den Unfall verwickelt sein können, und vielleicht wären Menschen verletzt worden. Du selbst hättest verletzt werden können, könntest behindert sein oder sogar tot." Ralf schwieg einen Moment, um seinem Sohn Zeit zu lassen, diese möglichen Konsequenzen seiner „Ausflüge" zu bedenken. Man sah Gerrit an, daß er betroffen war.

Ralf fuhr fort: „Gerrit, wir haben dich lieb, das weißt du. Aber wir müssen dir auch den Ernst dieser Situation deutlich machen. Es wird nämlich mit Sicherheit noch andere Gelegenheiten geben, wo wir beide nicht da sind und du dich versucht fühlst, etwas Falsches zu tun. Was sind deine Maßstäbe? Wirst du dann in der Lage sein, dich an das zu halten, was du als richtig erkennst?"

Im Laufe dieses Gespräches wurde Ralf und Kristin klar, daß ihr Sohn zum ersten Mal in seinem Leben ein Bewußtsein dafür bekam, daß er für das, was er tat, auch Verantwortung übernehmen mußte. Der Unfall hatte ihm, wie es schien, einen gehörigen Schrecken versetzt, und er würde sich wohl Mühe geben, einen weiteren groben Schnitzer zu vermeiden.

Die Eltern erklärten sich bereit, die Kosten für die Reparatur des Wagens zunächst zu übernehmen; Gerrit müßte aber dieses Geld an sie zurückzahlen, sobald er einmal selbst etwas verdiente.

Nun stellte sich noch die Frage: Sollte die Sache *jetzt* keine weiteren Konsequenzen haben? Nein, beschlossen sie, jetzt ging es darum, ihrem Sohn diesen Fehler zu verzeihen. Gerrit würde später dafür geradestehen.

Als Ralf und Kristin uns diese Begebenheit später erzählten, sagten sie: „Wir haben das Gefühl, daß Gerrit etwas ganz Wichtiges gelernt hat. Wenn wir diesen Ausrutscher nicht zu den Akten gelegt hätten, hätte es eine Belastung für sein weiteres Leben werden können. Wenn wir gedacht hätten: Wir sind uns nicht sicher, ob wir ihm überhaupt noch vertrauen können – hätte er sich mit der Zeit selbst als abgeschrieben eingestuft. Wir haben damals beschlossen, diesen Vorfall hinter uns zu lassen. Am nächsten Tag fuhren wir zu einem Familientreffen, und der demolierte Wagen und der angerichtete Schaden wurden nie wieder erwähnt."

Die schönsten Jahre?

Die meisten Eltern stöhnen innerlich, wenn sie Ratschläge hören wie etwa diesen: „Genießt eure Kinder, solange sie klein sind. Es sind die schönsten Jahre. Später machen sie euch nur noch Sorgen!" Natürlich hatten die Jahre, in denen unsere Kinder klein waren, ihre Höhepunkte: gemeinsame Ferien und andere Aktivitäten sorgten für ein nicht nur erträgliches, sondern wirklich schönes Familienklima. Aber wir würden diese Jahre dennoch nicht als die „schönsten" bezeichnen – nicht mit drei lebhaften Jungen! Aus unserer Perspektive gab es immer Anlaß zu wünschen, daß manches besser, nicht schlechter wurde!

Verstehen Sie uns nicht falsch: Wir hatten uns immer Kinder gewünscht. Und als Perfektionisten, die wir nun einmal sind, haben wir ganze Bücherregale voll mit Literatur über Erziehung und Familienfragen, die das hinlänglich beweisen. Dennoch hatten auch die „unkomplizierten" Kinderjahre unserer Söhne einige Herausforderungen für uns bereit, mit denen wir erst einmal fertigwerden mußten.

Die Vorboten der Pubertät unseres Sohnes lösten dunkle Vorahnungen in uns aus, und wir erinnern uns noch gut an das leichte Gefühl von Panik, als sich bei unserem ältesten Sohn, Jarrett, mit elf und zwölf Jahren gewisse Anzeichen bemerkbar machten. Wir hatten gedacht, wir hätten noch Monate vor uns, bevor er zum „halbstarken Teen" wurde. Die relative Ruhe der Grundschuljahre war dahin, und alle Anzeichen deuteten auf Sturm. Waren Teenager tatsächlich so schlimm? Bestand eigentlich eine – wenn auch geringe – Chance, daß gerade diese Zeit großartig werden konnte?

Wir fingen an, andere zu beobachten, die allem Anschein nach erfolgreiche Eltern waren. Worin bestand ihr Geheimnis? Was machten sie genau richtig? Wir beschlossen, ihnen diese Fragen persönlich zu stellen, und wir erhielten dabei eine Menge guter Ratschläge. Ein paar Grundsätze tauchten immer wieder auf, und der entscheidende davon war der Satz: *Was zählt, ist die Beziehung.*

Ein Elternpaar sagte uns in einem solchen Gespräch: „Sorgen Sie dafür, daß die Beziehung zu Ihrem Kind lebendig bleibt und eng. Solange Sie und Ihr Sohn oder Ihre Tochter miteinander reden können, werden Sie alle Probleme, die auftauchen, auch meistern. In mancher Hinsicht werden Sie zu streng sein, in anderer zu nachsichtig, aber solange Sie miteinander darüber sprechen können, wird es klappen."

Andere fügten eine wichtige Warnung hinzu. „Die Beziehung ist der Schlüssel", bestätigten sie, „aber es ist außerordentlich schwierig, diese Beziehung in den Teenagerjahren durchzuhalten, wenn Sie sie nicht schon vorher gepflegt haben. Beginnen Sie frühzeitig damit, eine gute Beziehung zu Ihren Kindern aufzubauen. Kümmern Sie sich darum – *jetzt.* Verschieben Sie es auf keinen Fall auf später."

Wenn wir der Beziehung zu unseren Kindern die höchste Priorität für die kommenden Jahre geben wollten – und das wollten wir –, dann, so meinten wir, brauchten wir dafür einen regelrechten Plan. James Dobson hat einmal formuliert: „Ich denke, wir sollten unseren Kindern sehr bewußt Freiheit und Verantwortung übertragen, um sie von Jahr zu Jahr besser auf den Augenblick vorzubereiten, wo sie ganz unabhängig werden."

Als wir in jenem Herbst einen solchen Plan für ein Jahr und auch einen für fünf Jahre aufstellten, ging es uns in erster Linie darum, die Beziehung zu unseren Jungen zu festigen. Dave hatte sich zum Beispiel vorgenommen, mit unserem ältesten Sohn Jarrett einmal im Monat auswärts zu frühstücken und mit ihm jeweils über ein Kapitel aus einem bestimmten Buch zu sprechen, das wir für wichtig hielten. Nach einem Jahr zogen wir jeweils Bilanz über unsere Aktivitäten; wir strichen, was sich als ineffektiv erwiesen hatte, verstärkten Unternehmungen, die gut angekommen waren, und hielten nach immer neuen Ideen Ausschau, wie wir die Beziehung zu unseren Söhnen lebendig gestalten konnten.

Manchmal wurden wir von Freunden gefragt: „Wie macht ihr das, daß ihr so gut mit euren Jungs auskommt?" So fingen wir an, die Erfahrungen und Ideen, die wir selbst ausprobiert hatten, anderen weiterzugeben. Über einige Zwischenstadien entstand daraus schließlich eine Elterngruppe, die wöchentlich oder monatlich zusammenkam, um sich über Erziehungsfragen auszutauschen und sich gegenseitig Mut zu machen, auch Durststrecken zu überstehen. Weitere Gruppen bildeten sich, und so verfaßten wir ein Handbuch, das in diesen Gruppen als Leitfaden verwendet wurde. Das vorliegende Buch entstand aus Kontakten mit den Elternpaaren in diesen „Parents-of-Teens"-Gruppen. Viele Eltern haben uns ihre Erfahrungen, Eindrücke und Vorschläge zur Verfügung gestellt, die wir unseren eigenen hinzugefügt haben. Darunter waren auch Eltern, die die Teenie-Jahre der Sprößlinge schon fast überstanden hatten. Um so mehr können wir von ihren Erfahrungen für die Zeit, die vor uns liegt, profitieren.

Die Erfahrungen von Eltern und die immer wieder einbezogenen Erkenntnisse von Kinder- und Jugendpsychologen wollen Ihnen als Eltern helfen, sich so gut wie möglich auf die Teenagerzeit Ihrer Kinder vorzubereiten. Denn die Entscheidung, wie Sie Ihr Kind durch die Pubertät begleiten wollen, fällt jetzt – nicht erst dann, wenn Sie mit emotionsgeladenen Problemsituationen konfrontiert werden und nicht mehr klar denken können.

Für uns als Verfasser und für zahlreiche andere Eltern hat es sich bewährt, ein Konzept zu haben, um durch die „Flegeljahre" der Kinder hindurchzukommen. Es ist durchaus möglich, daß Ihr Konzept anders aussieht als unseres. Wir wollen keineswegs eine bestimmte Vorgehensweise diktieren. Wir möchten aber einige grundsätzliche Dinge weitergeben, die wir als hilfreich und erfolgversprechend entdeckt haben. Wir möchten Ihnen auch für diese von vielen gefürchtete Zeit Hoffnung machen: Es könnte ja sein, daß sich gerade die schwierigen Jahre mit Ihren Kindern als die schönste gemeinsame Zeit herausstellen, die Sie je hatten.

Unsere „Strategie" beruhte auf vier tragenden Grundsätzen:

- Hinsehen
- Unterscheiden
- Loslassen
- Entspannen.

Diese Grundsätze sind lange vor der Teenie-Zeit die Bausteine für eine gute Beziehung zu Ihren Kindern, die auch die Teenagerjahre überdauert und noch besteht, wenn Ihre Kinder längst erwachsen sind.

Hinsehen

Zunächst müssen Sie den Mut haben, drei Faktoren genau unter die Lupe zu nehmen: sich selbst, das betreffende Kind und Ihre momentane Beziehung zu diesem Kind. Man kann kein Konzept für die Zukunft aufstellen, ohne vorher die bestehende Situation zu analysieren.

„Wir ändern uns, um dieselben zu bleiben" – dieser paradoxe Satz trifft in besonderer Weise auf die Kunst des Elternseins zu.

Die Art und Weise, wie wir mit unseren Kindern umgehen, verändert sich im Lauf der Jahre ständig. Solange unsere Kinder Babys sind, besteht unser Verhalten hauptsächlich im Füttern, Waschen und darin, für die äußeren Bedürfnisse zu sorgen. Unseren Achtjährigen behandeln wir anders als das Kleinkind. Aber die Veränderung geschieht so allmählich, daß wir gar nicht bemerken, daß wir uns ändern, um weiterhin fürsorgliche und liebevolle Eltern zu bleiben.

Beim Zugehen auf die Pubertät unserer Kinder müssen wir uns erneut verändern, um dieselben bleiben zu können. Wenn wir alles schleifen lassen oder aber die Dinge zu schnell vorantreiben, können wir die Beziehung zu unserem Kind trüben. Wenn nun also die Teenagerjahre vor der Tür stehen, ist es für uns an der Zeit, uns neu zu orientieren und unsere Arbeitsplatzbeschreibung auf den aktuellsten Stand zu bringen. Spätestens zu diesem Zeitpunkt im Familienleben ist es dringend erforderlich, neu über unsere Aufgabe als Eltern nachzudenken und entsprechend zu handeln.

Unterscheiden

Als nächstes sollten Sie einen Blick auf die Haupthindernisse werfen, die einem guten Verhältnis zwischen Ihnen und Ihrem Teenager im Weg stehen. Was den häuslichen Frieden erschüttert und die Funken fliegen läßt, sind häufig Dinge wie: Frisur, Make-up, Kleidung, Musik, Zimmer, Hausaufgaben etc. Sie werden sich fragen müssen: „Was ist mir eigentlich wichtig? Wie sich mein Sohn/meine Tochter anzieht? Die Musik, die er/sie sich anhört? Seine/ihre Überzeugungen? Die Fähigkeit, nicht alles mitzumachen, was die Klassenkameraden tun? Sich von Drogen fernzuhalten? Sich nicht zu früh auf sexuelle Abenteuer einzulassen? Oder was sonst?"

Wir werden einige reale Begebenheiten schildern und ein paar Grundsätze weitergeben, die Ihnen helfen, die wichtige Frage zu beantworten: „Worauf kommt es mir in unserer Familie wirklich an, und was ist sekundär?"

Schließlich werden Sie auch noch eine andere Frage zu beantworten haben: „Stimmen diese Hauptanliegen damit überein, was ich tagtäglich mit meinen Kindern rede, oder nörgle ich ständig wegen der zweitrangigen Dinge herum?"

Loslassen

Die Teenagerzeit ist der Einstieg in den Prozeß des Erwachsenwerdens. Wir müssen unsere Kinder darauf vorbereiten, eigene Entscheidungen zu treffen. Das bedeutet, daß wir ihnen allmählich mehr und mehr Entscheidungsfreiheit übertragen. Wenn sie achtzehn sind, sollten unsere Kinder in der Lage sein, eigenverantwortlich zu handeln, und dies können sie in der Zeit, in der sie noch zu Hause sind, üben.

Ein Vater formulierte rückblickend: „Was bei uns schiefgelaufen ist, war folgendes: Als die Kinder dreizehn waren, habe ich versäumt, ihnen klarzumachen, daß wir sie nicht kontrollieren, sondern leiten wollen, damit sie sich entfalten können."

Die Herausforderung für uns Eltern besteht darin zu lernen, unsere Kinder loszulassen, damit sie allmählich erwachsen werden können. Wir selbst haben für diesen Prozeß vor allem zwei „Instrumente" als Hilfen empfunden: Das „Projekt Zwölf-Einhalb" und die „Jahresbox". Wir werden auf beides noch ausführlich eingehen.

Entspannen

Entspannt zu bleiben, wenn Sie sich für etwas verantwortlich fühlen, das Ihrer Kontrolle entzogen ist, ist nicht gerade einfach. Wir erinnern uns in solchen Situationen gern an ein bekanntes Gebet: „Herr, gib mir die Gelassenheit, die Dinge anzunehmen, die ich nicht ändern kann; den Mut, die Dinge zu ändern, die ich ändern kann; und die Weisheit, das eine vom anderen zu unterscheiden."

Eine Teilnehmerin einer Elterngruppe stellte fest, daß sie immer wieder auf diesen Spruch schaute, der in dem Raum, in dem sich die Gruppe traf, an der Wand hing. Sie wußte, daß er stimmte, aber sie wollte nicht zugeben, daß es Dinge in ihrem Leben gab, die sie nicht mehr kontrollieren konnte. Nach und nach entdeckte sie, daß so vieles in ihrem Leben sich ihrer Kontrolle entzog, daß sie einfach den Schritt zum Glauben wagen mußte.

Beim Grundsatz „Entspannen" geht es um die Frage, auf welche Dinge wir tatsächlich Einfluß nehmen können, wie wir uns entspannen und Gott das anvertrauen, was unserem Einfluß entzogen ist.

Vielleicht fragen Sie sich inzwischen, ob ein Buch Ihnen tatsächlich dabei helfen kann, Ihre Kinder gut durch die Teenagerzeit zu begleiten. Natürlich können wir dafür nicht garantieren. Sicher wird jeder seine eigenen Erfahrungen machen – und nicht immer gibt es so dramatische Veränderungen wie in einigen Beispielen, die wir in diesem Buch schildern werden. Aber wenn Sie Kinder im Grundschulalter oder in der Vorpubertät haben und es Ihnen damit ernst ist, ein gutes Verhältnis zu Ihrem Kind aufzubauen, das die Stürme der Pubertät übersteht und ein Leben lang hält, dann könnte dieses Buch genau das Richtige für Sie sein. Wir wünschen Ihnen und uns, daß dieses Buch Ihnen einige der Sorgen und Fragen abnehmen kann, die sich unweigerlich mit den Teenagerjahren der Sprößlinge stellen – und daß Sie praktischen Nutzen für sich und die Beziehung zu Ihren Kindern daraus ziehen können.

Teil 2

Hinsehen

Eine Bestandsaufnahme der Beziehung zu Ihrem Kind

Kapitel 2

Idealer Teenager gesucht

Ich möchte wissen, was in unsere Tochter gefahren ist, seit sie zwölf geworden ist. Bis vor kurzem hatten wir eine ausgeglichene, warmherzige Mutter-Tochter-Beziehung; jetzt hat sie sich auf einmal in einen Vulkan verwandelt, der jeden Augenblick auszubrechen droht", seufzte eine Mutter in der Elterngruppe.

„Als Peter vierzehn war, lief es phantastisch. Aber seit er fünfzehn ist, scheint er sich nach rückwärts zu entwickeln statt nach vorn. Und da soll man nicht die Hoffnung verlieren?" fragte ein Vater.

Vielleicht können Sie die Gefühle dieser Eltern gut nachempfinden. Die Schwierigkeit, zu erkennen, was mit unseren Teenies und Jugendlichen los ist, besteht darin, daß, wenn wir es endlich herausfinden, sie sich schon wieder um 180 Grad gedreht haben. Das einzige, auf das Sie sich in der Pubertät mit Sicherheit verlassen können, ist ständige Veränderung!

Nichts bleibt, wie es war

Claudia erinnert sich noch gut an ein Gespräch mit unserem Ältesten, kurz nachdem er vierzehn geworden war. „Jarrett", fragte sie ihn, „bist du eigentlich mit deinem Leben zufrieden?"

Er zuckte die Schultern, als ob ihn die Frage nicht sonderlich interessierte oder als ob er keine Antwort darauf wüßte, aber schließlich sagte er doch: „Na ja, die Lehrer, meine Freunde und auch so die Welt im allgemeinen finde ich nicht so gut."

Claudia hielt diese Antwort für die typische desinteressiert-distanzierte Pose eines Vierzehnjährigen, darum bohrte sie noch ein wenig nach. „Und wie fühlst du dich selbst?"

Jarrett mußte lachen und sagte: „Ich bin der einzige, der okay ist!"

Aber Claudia wollte es mit dieser leicht hingeworfenen Bemerkung nicht bewenden lassen. Es ging ihr wirklich darum, die

Empfindungen ihres Sohnes zu verstehen. Nach einem Moment hakte sie noch einmal nach: „Wie ist es eigentlich so, ein Teenager zu sein?"

Jetzt wurde Jarrett ernst und sagte: „Ich finde es prima. Ich bin auf dem Weg, erwachsen zu werden, aber ohne die ganzen Pflichten und die Verantwortung, die damit verbunden sind, wie Geld verdienen und so was . . ."

Claudias Beharrlichkeit hatte sich schließlich doch noch ausgezahlt. Manchmal öffnen sich unsere Teenie-Kinder ganz von selbst; ein anderes Mal ist es an uns, das Gespräch nicht abreißen zu lassen.

Etwa seit dem Zeitpunkt, als unser ältester Sohn vierzehn war, bemühten wir uns, mit ihm mehr und mehr auf gleicher Ebene zu reden, wie mit einem Erwachsenen. Jarrett begann zwar, sich auch selbst mehr und mehr in dieser Perspektive zu sehen; aber gleichzeitig spielte dieser „erwachsene" Teenager doch noch liebend gern Indianer und Cowboys mit seinen jüngeren Brüdern! Das Problem, das sich für uns als Eltern stellt, ist: Wie sollen wir einen Heranwachsenden verstehen und akzeptieren, der sich wie ein Chamäleon verhält, das jeden Tag die Farbe wechselt? Da war es ja noch einfacher, die Veränderungen zu akzeptieren, die sich normalerweise zwischen dem Säuglingsalter und der Kleinkindphase vollziehen! Sogar die Trotzphase war ja noch irgendwie kalkulierbar. Aber selbst im besten Fall ist es schwierig, unsere heranwachsenden Kinder verstehen zu wollen, die doch vorrangig damit beschäftigt sind, sich überhaupt selbst zu verstehen!

Vier Porträts von Jugendlichen

Nicht genug damit, daß sich das Verhalten unserer Jugendlichen von Tag zu Tag ändert – sie sind dazu auch noch untereinander vollkommen verschieden. Wenn Ihre Kinder so sind wie unsere, dann haben Sie sich vermutlich auch schon öfter gefragt, wie es möglich ist, daß Kinder derselben Eltern, die in derselben Umgebung und mit derselben Erziehung aufwachsen, so verschieden sein können. Unser Sohn Jarrett ist so diszipliniert und pflichtbewußt, daß er nicht nur sein eigenes Leben organisiert, sondern auch noch für alle anderen in seiner Umgebung Pläne macht. Joel dagegen ist so phlegmatisch, daß man sich manchmal wundert, daß er morgens überhaupt aus dem Bett kommt. Und doch haben beide denselben familiären Hintergrund.

Vor einigen Jahren haben wir begonnen, die Verhaltensweisen unserer Kinder und die ihrer Freunde etwas genauer zu beobachten. Das Ergebnis waren vier Porträts von Jugendlichen, von denen drei in unserem eigenen Haus repräsentiert waren. Wir haben die Namen geändert – nicht um die Unschuldigen zu schützen, sondern vielmehr uns!

Vielleicht stellen Sie beim Lesen fest, daß einer der beschriebenen Jugendlichen zu Ihrer Familie gehört. Immerhin ist es eine Hilfe, wenn man weiß, was uns erwartet, und sieht, daß die eigenen Kinder auch nicht schlimmer sind als andere in dem Alter.

Susanne – der bunte Schmetterling

Susanne ist beliebt in der Schule, immer fröhlich und gut gelaunt, und hat viele Freunde. Wenn eine Party ins Haus steht, kann man sicher sein, sie dort zu finden; zumindest hat sie eine Einladung bekommen. Ihre quirlige Art ist eine Bereicherung für die ganze Familie, aber manchmal kann es einem auch zuviel werden! Der Platz neben dem Telefon wird meistens durch sie blockiert, und eine ellenlange Telefonschnur, die notfalls bis ins Bad reicht, gehört zu ihrem Erscheinungsbild.

Immer ist Susanne von einer mehr oder weniger großen Anzahl von Freundinnen umgeben. Einen Abend einmal allein zu verbringen, empfindet sie regelrecht als Strafe. Sie ist impulsiv und kennt keine falschen Hemmungen. Eine angstauslösende Kombination – für Eltern! Wie ein Schmetterling flattert Susanne von einer Sache zur anderen. Sie hat unverkennbar die besten Absichten, aber das Durchhalten fällt ihr schwer. Das hat zur Folge, daß Susanne eine ganze Menge Unordnung und eine lange Kette unvollendeter Projekte zurückläßt, wenn sie sich einer neuen und noch interessanteren Sache zuwendet.

Was die Schule anbelangt, so versucht Susanne, sie nicht zu sehr in ihr sonstiges Leben eingreifen zu lassen. Die Lehrer bezeichnen sie als „verspielt“ und meinen, sie müßte sich mehr anstrengen.

Markus – der Macher

Markus organisiert alles; er gibt in seiner Gruppe den Ton an. Man merkt sofort, wenn er zur Tür hereinkommt. Er ist der einzige in der Klasse, der enttäuscht ist, wenn er feststellt, daß er in umstrittenen Fragen mit seinem Lehrer übereinstimmt – schließlich hatte er sich doch so gut auf eine kontroverse Diskussion vorbereitet. Markus' Selbstbewußtsein würde für die ganze Familie ausreichen. Sagt man beispielsweise zu seinem neuerstandenen Kleidungsstück: „So etwas trägt doch heute kein Mensch!" bekommt man zur Antwort: „Okay, Mama, aber vergiß bitte nicht: Was ich trage, das tragen bald alle!" Womit er oftmals gar nicht so verkehrt liegt.

Willensstark und einsatzfreudig, ist er manchmal versucht, über andere zu dominieren und sich über sie hinwegzusetzen – das gilt auch für seine Eltern. Er tendiert auch dazu, selbstsüchtig zu reagieren und geht davon aus, die ganze Welt müsse sich um ihn drehen. So betrachtet er die Schränke seiner Brüder und seines Vaters als sein Eigentum und bedient sich bei Bedarf großzügig daraus. Geduld und Mitgefühl zählen nicht gerade zu seinen besonderen Stärken. Seine Lehrer sind angetan von seiner raschen Auffassungsgabe, könnten jedoch auf seine bissige Kritik verzichten und darauf, daß er überall seinen Senf dazugibt, Eigenschaften, die er sich schon sehr früh angeeignet hat. Es kann auf jeden Fall kein Zweifel daran aufkommen, daß Markus die Welt auf seine Weise mitgestalten wird.

Tim – der Gemütliche

Jeder ist dankbar für Tims unkomplizierte und ruhige Art. Bis er mal aus der Haut fährt und richtig zornig wird, muß schon eine Menge passieren. Aber wenn er dann schließlich explodiert – dann Vorsicht! Tim ist sich nämlich manchmal nicht so recht sicher, wie er mit seinem Ärger umgehen soll. Mit seinem trockenen Humor und seiner Fähigkeit zuzuhören ist er zu Hause und bei seinen Freunden sehr beliebt, aber er ist viel ruhiger als Susanne und Markus. Einmal hatte die Familie Tim im Urlaub auf einer Raststätte vergessen, und die nächsten 70 km hatte ihn niemand vermißt!

Das Leben ist für Tim eine angenehme, aber nicht sehr aufregende Erfahrung. Sein größtes Problem ist, daß er so l-a-n-g-s-a-m ist und ihm oftmals die richtige Motivation fehlt. Er bezieht sein Selbstwertgefühl nicht aus seinen Leistungen für die Schule. „Es ist so angenehm, Tim in der Klasse zu haben", sagen seine Lehrer, „aber können Sie mir sagen, wie ich ihn motivieren kann, mehr für die Schule zu tun?" Tim tendiert eher zu mittelmäßigen Leistungen, bestimmt keine Spitzenklasse. Aber wenn einmal seine eigene innerste Motivation geweckt ist, dann kann man nur staunen! Er verfügt über eine Beharrlichkeit, von der wir alle nur träumen können!

Lisa – die Ernsthafte

Lisa ist unser super-gewissenhafter Teenie. Sie ist ruhiger als ihre Geschwister, aber sie hat ein reiches und erfülltes Innenleben. Während Susanne ihre Gefühle jedem offen zeigt, trägt Lisa ihre Empfindungen eher in sich. Sie ist jedoch ebenso gefühlsbetont wie Susanne. Allerdings gleicht ihr Gefühlsleben oftmals einer Berg-und-Tal-Bahn: mal oben – mal unten!

Lisa ist unser „Philosoph", sie durchdenkt alles äußerst gründlich, und sie ist auch kreativ. Manchmal erstaunt sie uns regelrecht mit ihren Einsichten. Aber wehe, wenn sie anfängt, alles negativ zu sehen und sich nur selbst zu bespiegeln! Sie ist diejenige, die dazu neigt, sich selbst einzureden, daß kein Mensch sie mag. Ihre Lehrer bestätigen übereinstimmend, daß sie eine gute Schülerin ist, finden allerdings, daß sie nicht alles so ernst nehmen sollte.

Welche Kombination haben Sie in Ihrer Familie?

Wahrscheinlich konnten Sie einige dieser typischen Merkmale von Jugendlichen bei Ihrem Kind wiederfinden. Nehmen Sie also jetzt die Persönlichkeit Ihres Kindes einmal genau unter die Lupe. Uns war dabei eine einfache Typologie oder Temperamentenlehre eine Hilfe (siehe Abbildung 1). Natürlich wird eine solche Übersicht nicht den vielen individuellen Schattierungen gerecht, aber es kann doch eine Hilfe für Eltern sein, die Grundstruktur der Persönlichkeit ihres Kindes deutlicher zu sehen.

Nach diesem Diagramm würden wir Susan, die Kontaktfreudige, dem sanguinischen Typ zuordnen und Markus, den „Jetzt-komme-Ich"-Typ, dem cholerischen Typ. Die beiden repräsentieren die nach außen gerichteten Persönlichkeitstypen, während der gemütliche Tim (phlegmatischer Typ) und die ernsthafte Lisa (melancholischer Typ) eher introvertiert sind.

Wo würde Ihr Kind am ehesten hineinpassen? Möglicherweise verbindet Ihr Kind auch mehrere Temperamente in sich, etwa so: 60 Prozent Choleriker und 40 Prozent Sanguiniker oder 70 Prozent Sanguiniker und 30 Prozent Phlegmatiker. Dies trifft in unserer Familie zu. Jedoch haben wir herausgefunden, daß für gewöhnlich ein Temperament vorherrscht.

Jarrett, unser ältester Sohn, gleicht dem Markus in unserem Beispiel. Er ist äußerst entschlußfreudig, willensstark, unabhängig, mutig – der geborene Anführer. Wir erinnern uns noch gut an einen Sommer während der Zeit, als wir für „Campus für Christus International" in Österreich arbeiteten. Während unseres Heimataufenthaltes in den USA verkündete Jarrett, daß er von jetzt an Armeehosen tragen wolle.

„Aber, Jarrett", entgegneten wir, „kein Jugendlicher in Wien trägt Armeehosen!"

„Das kann ja sein", versicherte uns unser Sohn. „Ich gebe eben den Ton an."

Ein paar Monate nach unserer Rückkehr nach Österreich ging Jarrett mit seiner Pfadfindergruppe zelten. Und was glauben Sie, hatten alle Jungen an? Natürlich amerikanische Armeehosen!

Joel, unser mittlerer Sohn, ist unser „gemütlicher Tim". Er ist ausgeglichen und sympathisch. Wenn in der Familie Spannungen auftreten, schaut er nur einen nach dem anderen an und fragt: „Wo bleibt denn der Humor?" Mit solchen Kurzkommentaren vertreibt er oft genug aufkommende Unstimmigkeiten.

Er ist zwar intelligent, aber er findet die Schule meistens stinklangweilig. „Ich will gar nicht überall eine Eins haben", sagte er einmal, als Dave mit ihm über seine Zensuren sprach. „Das ist doch nur ein Beweis für ein einseitiges Leben!"

Unser jüngster Sohn, Jonathan, hat sehr viel Ähnlichkeit mit der ernsthaften Lisa. Er ist begabt, denkt analytisch und neigt zum Perfektionismus. Er ist der einzige in der Familie, der sich tagelang mit seiner Mathe-Zensur beschäftigen kann und der in der Lage wäre, sich noch in den letzten vier Wochen vor den Zeugnissen von einer Vier auf eine Zwei hochzuarbeiten! Wir alle brauchen gelegentlich seinen stummen Hinweis in Richtung Perfektion. Wir sollten hinzufügen, daß sein Perfektionsstreben zum Glück nicht alle Bereiche seines Lebens bestimmt.

Nachdem Sie nun unsere „Familiencharakteristik“ kennen, schauen Sie sich das Diagramm unten an und finden Sie heraus, wohin Ihr Kind gehört.

Bedenken Sie dabei: Ein gemütlicher Tim wird niemals so motiviert sein wie ein Macher-Markus. Und der „Jetzt-komme-ich“-Typ Markus wird sich niemals so feinfühlig benehmen wie die ernsthafte Lisa. Wenn wir das Temperament unserer Kinder studieren, können wir uns auf ihre Stärken konzentrieren und ihnen gleichzeitig helfen, mit ihren Schwächen umzugehen. Außerdem hilft dieses Wissen uns als Eltern, unsere eigenen Erwartungen an die Kinder auf eine realistische Basis zu stellen.

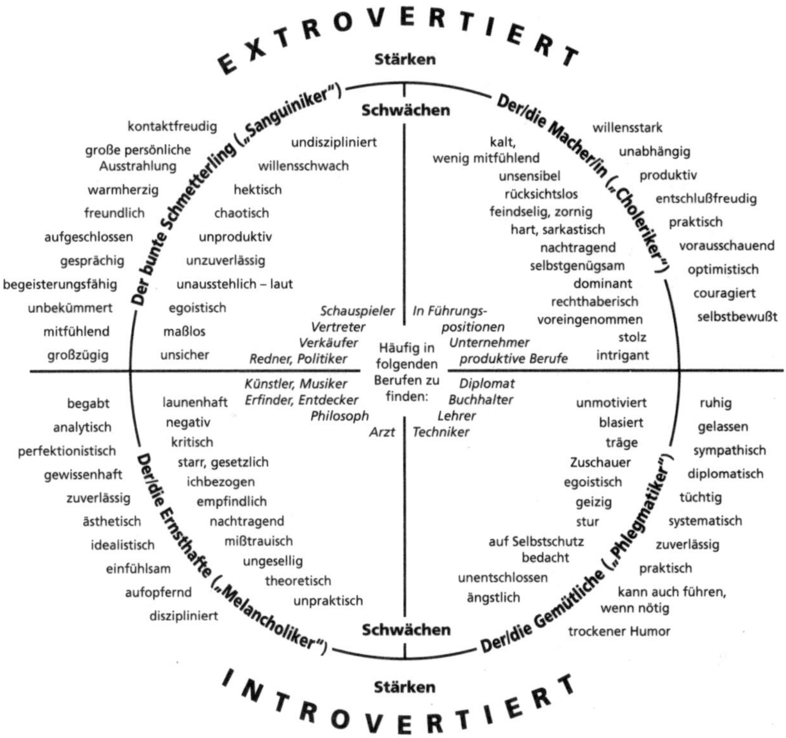

Abbildung 1

Man muß sich klarmachen, daß jedes der genannten Temperamente auch seine Schwächen hat. Manchmal gehen wir davon aus, unsere Kinder müßten perfekt sein. Aber wo Licht ist, ist auch Schatten. Die Einzelzüge der verschiedenen Temperamente im Schaubild auf S. 27 helfen, das deutlich zu erkennen.

Fragen Sie schließlich auch nach Ihrem eigenen Temperament. Sie selbst und Ihr Ehepartner sind schließlich ein wesentlicher Teil dieser Gleichung. Merton und Irene Strommen (er ist ein bekannter Psychologieprofessor, sie ist Lehrerin) schreiben in ihrem Buch „Five Cries of Parents": „Wenn Eltern versagen, können ungelöste eigene Probleme die Ursache sein. Es gibt brilliante Psychiater und Psychologen, die viel über die menschliche Psyche wissen und die sich dennoch als Eltern äußerst ungeschickt anstellen. Ihre Unsicherheiten und Schwierigkeiten – für andere offenkundig, nur ihnen selbst verborgen – beeinflussen ihr Verhalten grundlegend. Sie können anderen kompetent und verständnisvoll begegnen, aber wenn es um ihre eigenen Angelegenheiten geht, verlieren sie diese Fähigkeiten ... Dieses Phänomen begegnete uns wieder und wieder. Deshalb finden wir es so entscheidend, alle Eltern zu ermutigen, sich selbst nicht nur als Erzieher ihrer Kinder wahrzunehmen, sondern auch als Einzelperson und als Ehepartner."

Wie Sie Ihrem Kind begegnen, ist ja nicht unabhängig von Ihrem eigenen Temperament. Eine Mutter mit sanguinischem Temperament reagiert möglicherweise manchmal zu überschwenglich, eine eher cholerische Mutter dagegen kann in der Gefahr stehen, zuviel Kontrolle auszuüben. Ein melancholischer Vater kann zu hohe Anforderungen stellen; ein phlegmatischer Vater läßt vielleicht alles laufen und erlaubt zuviel. Machen Sie sich also klar, welches Temperament von Ihrer Seite her im Beziehungsgefüge mitspielt! Und seien Sie in bezug auf Ihre eigenen Schwächen genauso wachsam, wie Sie es bei Ihrem Kind sind.

Als wir unser Verhalten als Eltern und das von Freunden unter die Lupe nahmen, entdeckten wir drei verschiedene Verhaltensweisen. Versuchen Sie herauszufinden, wie Ihr ganz spezielles Elternprofil aussieht.

Drei unterschiedliche Elternprofile

Klammerer

Klammernde Mütter oder Väter möchten alles unter Kontrolle haben und ihren Kindern helfen, die Fehler zu vermeiden, die sie selbst in ihrer Jugend gemacht haben. Hilke zum Beispiel gehört zu dieser Gattung. Sie hat selbst viele Ängste, und ihr fehlt es an Vertrauen. Sie vermittelt den Eindruck, daß sie ihren Sohn am liebsten in ein Glashaus setzen und zu Hause behalten möchte und daß sie jedesmal die Zügel straff zieht, wenn der Junge Anstrengungen unternimmt, sich in Richtung Unabhängigkeit zu bewegen. Das Ergebnis dieser Methode ist ein Jugendlicher, der seine Eltern und alles, was sie vorschlagen, rundweg ablehnt.

Forderer

Ähnlich verheerend ist es, Kinder zu früh aus dem Nest zu stoßen, nämlich bevor sie stark genug sind, allein zu überleben. Paul ist solch ein Typ. Er erwartet von seinem Sohn, daß er praktisch über Nacht erwachsen wird, und gewährt zu schnell zu viel Freiheit. Aber Jugendliche verfügen noch nicht über die Reife, weitreichende eigene Entscheidungen zu treffen, und werden häufig genug Opfer des Gruppendrucks.
Gibt es ein gesundes Mittelmaß zwischen klammernden und fordernden Eltern? Schauen wir uns eine dritte Möglichkeit an.

Begleiter

Begleiter sind Eltern, die zum Selbständigwerden anleiten. Sämlinge aus dem Gewächshaus müssen behutsam an die Bedingungen im Freiland gewöhnt werden, indem man sie beispielsweise nur für eine gewisse Zeit der Sonne, dem Wind und wechselnden Temperaturen aussetzt. Sie benötigen eine Übergangsphase der „Abhärtung“. Gönnt man den jungen Pflanzen diese Eingewöhnungszeit nicht, verkümmern sie. Wenn man sie jedoch angemessen an das Leben in der neuen Umgebung gewöhnt, wachsen und gedeihen sie – oft besser, als wir es erwartet hätten.

Auch unsere Kinder brauchen eine solche „Abhärtungsphase“, eine Zeit des Trainings, in der sie gewisse Freiheiten genießen und mehr und mehr Verantwortung für sich selbst und ihr Verhalten übernehmen – und zwar unter der Anleitung durch die Eltern.

Es ist wichtig, die Kinder allmählich freizugeben. Die Art und Weise, wie wir, geprägt von unseren unterschiedlichen Persönlichkeiten, in der Familie miteinander umgehen, bildet die Grundlage, auf der unsere heranwachsenden Kinder lernen, sich mit der Welt außerhalb des Elternhauses auseinanderzusetzen.

Was fange ich mit diesem Wissen an?

Nachdem Sie Ihre eigenen Wesenszüge und die Ihres heranwachsenden Kindes etwas genauer betrachtet haben, widmen Sie nun Ihre Aufmerksamkeit der Weise, wie Sie miteinander umgehen, wie einer den anderen beeinflußt.

Claudia ist eine Mischung aus cholerischem und sanguinischem Typ. Es fällt ihr nicht schwer, das Kommando zu übernehmen und alles unter Kontrolle zu halten. Den Dingen einfach ihren Lauf zu lassen, liegt ihr völlig fern. Sie muß im Gegenteil darauf achten, nicht zu streng zu sein und ihre Söhne nicht zu reglementieren. Andererseits ist sie es, die für gewöhnlich die Familie in Schwung bringt, wenn alle sich im Leerlauf befinden. Und sie ist der geborene Mutmacher.

Dave ist eine Mischung aus Phlegmatiker und Sanguiniker. Er ist gelassen, ruhig und entspannt. Sein Sinn für Humor erweist sich als großer Aktivposten im Umgang mit Jugendlichen, aber manchmal braucht er auch einen Schubs, damit er etwas in Angriff nimmt.

Zu jedem Kind eine andere Beziehungsdynamik

Wie harmoniert Ihr Temperament mit denen der übrigen Familienmitglieder? Zu jedem Kind hat man eine andere Beziehung. Werfen Sie mit uns einen kurzen Blick auf einige positive und negative Aspekte in den Beziehungen zwischen uns und zweien unserer Söhne.

Jarrett und Claudia sind von Natur aus mitteilsam; darum fällt es ihnen leicht, eine enge Beziehung zu haben. Beide können jedoch auch kritisch und empfindsam sein; so bleibt es nicht aus, daß sie einander verletzen. Sie haben es jedoch gelernt, einander nach einem Zusammenstoß um Vergebung zu bitten.

Ganz anders ist Claudias Beziehung zu Joel, der sehr verständnisvoll ist und kaum mal etwas auszusetzen hat. Nur darf Claudia ihm nicht zu viele Fragen stellen, sonst stellt er auf Durchzug. Da Joel und Dave einander sehr ähnlich sind, müssen sie sich besonders bemühen, jeweils die Schwächen des anderen zu akzeptieren. Kaum etwas kann einen so ungehalten machen, wie eine eigene Schwäche im eigenen Kind verkörpert zu sehen.

Jede Familie hat ihre eigene Dynamik. Leider können wir uns unser Temperament nicht aussuchen – weder für uns selbst noch für unsere Kinder. Was wir aber sehr wohl können, ist, unsere eigene Persönlichkeit und die unserer Kinder erkennen und akzeptieren. So werden wir einander verstehen und die Einmaligkeit zu schätzen lernen, mit der Gott jeden von uns ausgestattet hat.

Vielleicht hilft Ihnen – gerade bei schwierigen Situationen – der Gedanke, daß Gott keinen Fehler gemacht hat, als er Ihre Familie mit genau dieser Kombination von Persönlichkeitstypen ausstattete, die Sie nun mal darstellen. Wenn wir anfangen, unsere „unmöglichen" Teenager in dieser Perspektive zu sehen, können wir sie leichter annehmen, wie sie eben sind – und uns sogar daran freuen.

Nehmen Sie sich einen Augenblick Zeit, die Stärken und Schwächen Ihres Kindes und auch Ihre eigenen Licht- und Schattenseiten einzuschätzen, und zwar zuerst im Blick auf die individuelle Persönlichkeit und dann im Blick auf ihre Beziehung zueinander. Nehmen Sie dafür noch einmal die Abbildung auf S. 27 zu Hilfe und wenden Sie sie auf jedes Familienmitglied an. Dann überlegen Sie, was Sie tun können, um Ihre Kinder in ihren Stärken zu fördern und die Schwächen zu verringern. Machen Sie sich auch klar, wie Sie miteinander umgehen. Wo beeinflussen Sie sich gegenseitig positiv, wo negativ? Was können Sie tun, um den positiven Einfluß auszuweiten und den negativen zu verringern?

Jugendliche in ihren Zielen verstehen

Es ist nicht nur wichtig, die Persönlichkeit unserer Kinder zu verstehen. Wir müssen auch über einige Ziele nachdenken, die Heranwachsende normalerweise haben. Wenn Sie verstehen, welche Wünsche hinter dem manchmal unverständlichen Verhalten Ihres Teenagers stehen, werden Sie sein/ihr Handeln besser einordnen können.

In einer repräsentativen Umfrage unter Teenagern (5. bis 9. Klasse) und deren Eltern fanden Merton und Irene Strommen sieben Ziele heraus, die die meisten Jugendlichen intuitiv zu erreichen versuchen:

1. *Leistung* – die Befriedigung, auf einem oder mehreren Gebieten besonders gut zu sein und etwas Herausragendes zu leisten.
2. *Freundschaften* – die Fähigkeit, Freunde zu gewinnen und sie auch zu behalten.
3. *Sich selbst zu verstehen* – weil man gelernt hat, einem anderen die eigenen Gefühle mitzuteilen.
4. *Persönliche Identität* – zu wissen, wer man selbst ist, und die Überzeugung zu haben: „Ich bin wichtig!"
5. *Eigenverantwortlichkeit* – das Vertrauen in die eigene Fähigkeit: „Ich schaffe es auch allein und kann schon Entscheidungen treffen und Verantwortung tragen."
6. *Reife* – der allmähliche Wandel vom Kind zum Erwachsenen.
7. *Sexualität* – die neue Rolle als sexuelles Wesen zu akzeptieren und Verantwortung zu übernehmen.

Diese Ziele unterscheiden sich nicht von denen, die ich auch für mein Kind habe, mögen Sie vielleicht denken. Auseinandersetzungen gibt es nur darüber, wie diese Ziele erreicht werden können. Zum Beispiel kann Ihr Kind den starken Wunsch haben, Freundschaften zu schließen und zu vertiefen; aber es kann in der Gefahr stehen, sich von diesen Freunden zu stark beeinflussen zu lassen.

Unsere Aufgabe als Eltern ist, unseren Teenagern zu helfen, die genannten Ziele zu erreichen. Wir müssen ihnen helfen, sich selbst und die Welt um sie herum zu verstehen, damit sie nicht plötzlich zu ungeeigneten Methoden greifen müssen, um ihre natürlichen Wünsche zu befriedigen. Die vier oben schon genannten Grundpfeiler – *Hinsehen, Unterscheiden, Loslassen* und *Entspannen* – können Ihnen helfen, gezielte Schritte zu tun, um Ihr Kind auf dem Weg zum Erwachsenwerden zu begleiten.

Ihre Kinder gehen diesen Weg nur einmal

Pubertät und Adoleszenz sind eine Zeit ständigen Wechsels. Kinder in diesem Alter erwecken den Eindruck, mit einem Fuß in der Kindheit zu stehen und mit dem anderen im Erwachsenenleben. Sie befinden sich in jenem unsicheren Zwischenstadium, das zuweilen Eltern die Wände hochtreiben kann. Wir sind uns nicht mehr sicher, zu welcher Gruppe unsere Kinder nun eigentlich gehören, und unsere Teenies selbst wissen es genausowenig.

Als es einmal mit einem Kind von Freunden besonders viele Probleme gab, erwies sich der folgende Rat als hilfreich: „Laß dich nicht von der momentanen Situation unterkriegen, denn während du dich noch deswegen verrückt machst, ist dein Kind schon längst weitergewandert – zum nächsten Unheil!" (Oder wenn Sie es positiv sehen wollen: . . . hat sich die Lage längst entspannt!)

Erinnern Sie sich an das Gute in jeder Situation:

1. Jede Phase bedeutet einen Fortschritt.
2. Jede Phase geht vorüber.
3. Jede Phase ist ein Schritt in Richtung Erwachsenwerden.

Geraten Sie nicht in Panik, wenn Sie das Gefühl haben, die Beziehung zu Ihrem Kind bröckele auseinander. Es kann vorkommen, daß Ihr Teenager gelegentlich ein unüberhörbares „Du kannst mir gestohlen bleiben!" an Sie adressiert. Im Normalfall wird spätestens nach vierundzwanzig Stunden zwischen Ihnen wieder alles in Ordnung sein. Aber verlassen Sie sich auch nicht allzu schnell darauf, wenn in Ihrem Miteinander alles glatt zu laufen scheint. Eine Mutter, die wir kennen, schrieb sich als

Motto auf einen Zettel: „Dies ist nur vorübergehend!“ und klebte den Zettel an den Spiegel.

Erinnern Sie sich noch an die Antwort, die Jarrett Claudia gab: „Ich werde erwachsen, aber ohne die ganzen Verpflichtungen.“ Gestehen Sie Ihrem Kind zu, wie ein Erwachsener zu denken und im nächsten Moment wie ein Kind zu reagieren oder zu spielen. Und machen Sie sich immer wieder klar: Jugendliche sind Menschen zwischen zwei Welten.

Übung 1

Die Stärken und Schwächen Ihres Kindes verstehen

1. Ziehen Sie die Persönlichkeitsprofile aus Abbildung 1 auf S. 25 heran, um die Stärken und Schwächen Ihres Teenagers zu bestimmen, und tragen Sie sie unten in der Tabelle ein.

Kind: ______________________________

Stärken	Schwächen

2. Wie kann ich meinem Kind helfen, seine Stärken weiter auszubauen?

3. Wie kann ich meinem Kind helfen, die Schwachstellen zu verringern?

4. Ein Vorschlag für ein Gebet:

„Herr, ich danke dir für ... und dafür, daß du ihn/sie als Original geschaffen hast. Danke für das, was er/sie kann. Hilf mir, mich auf diese starken Seiten zu konzentrieren und sie zu fördern. Danke auch für seine/ihre Schwächen. Zeige mir, wie ich ihm/ihr helfen kann, mit diesen Schwachpunkten zurechtzukommen, ohne ihn/sie zu kommandieren."

Kapitel 3

Beziehung geht vor!

Sie haben also einen gemütlichen Tim in Ihrer Familie und eine ernsthafte Lisa. Sie haben festgestellt, worin die beiden unterschiedlich sind. Und Sie wollen zu beiden Kindern eine gute Beziehung haben. Was ist nun der nächste Schritt? Bestimmte Kenntnisse sind unverzichtbar, aber wir müssen auch Hindernisse in der Beziehung ausräumen und uns auf die Seite unserer Kinder stellen – wir müssen sozusagen mit ihnen in einem Boot sitzen.

Wenn wir unsere Teenager-Kinder wieder einmal absolut nicht verstehen können, sind wir leicht geneigt zu glauben, sie seien unnormal. Wir geraten in Panik, weil wir keinen Zugang zu ihnen finden. Und aus lauter Sorge und Angst versuchen wir, sie zu ändern. Nicht so, daß wir sie gewaltsam auf Vordermann bringen möchten und etwa beim Frühstück das neue Verhaltensprogramm proklamieren, sondern durch subtile „Reformation". Was wird passieren? Vielleicht etwas, das uns noch weniger gefällt, so daß wir uns genötigt sehen, dem Problem vorzubeugen.

Als unser Sprößling noch klein war, bemerkten wir auch Dinge, die uns nicht gefielen: Er oder sie wollte vielleicht alles bestimmen oder war ziemlich faul oder unordentlich oder zu laut. Im Laufe der Jahre bemühten wir uns, ihm diese Eigenschaften abzugewöhnen. Aber noch immer gibt es deutliche Anzeichen von Rechthaberei oder Faulheit, und in Kombination mit dem Auf und Ab der Pubertät wirken diese Eigenschaften eher noch verstärkt. Wir müssen lernen, unsere Kinder zu akzeptieren – vorbehaltlos, so wie Gott uns akzeptiert.

Eine Mutter berichtete: „Ich habe mich sehr bemüht, meinen Mann anzunehmen, ohne Vorbehalt, aber irgendwie habe ich diese bedingungslose Liebe nie meiner Tochter zugewendet. Eines Tages ging mir das so richtig auf. Es war, als ob Gott zu mir sagte: ‚Du wendest das, was du weißt, in dieser Situation nicht an.

Du behandelst deine Tochter nach dem Leistungsprinzip – sie bekommt Liebe und Anerkennung, *wenn* sie sich entsprechend verhält, *wenn* sie dich nicht in Verlegenheit bringt und du sie aller Welt als Musterbeispiel präsentieren kannst.'"

Wahrscheinlich können wir uns alle mehr oder weniger mit dieser Aussage identifizieren. Es ist schon schwierig genug, den Ehepartner anzunehmen, der ja erwachsen ist. Wie soll man da einen Teenager akzeptieren, der beeinträchtigt wird durch den Druck der Altersgenossen, der mit sich selbst beschäftigt ist, dessen Gefühlslage an einem Tag himmelhoch-jauchzend, am nächsten Tag zu Tode betrübt ist, so einen richtigen Jo-Jo-Teenager? Einfach ist das keinesfalls. Was können wir also tun?

Eine neue Perspektive gewinnen

Das Beste, was wir in unserem Leben erfahren können, ist, daß Gott uns liebt – ohne Bedingungen. Jesus starb für uns, als wir von Gott noch nichts wissen wollten – und nicht erst, nachdem wir unser Leben geändert hatten. Gott liebt uns. Punkt. Es gibt nichts Kleingedrucktes mehr im Vertrag. Nicht erst dann, wenn wir perfekte Eltern sind und immer die richtigen Entscheidungen treffen. Er liebt uns. Er akzeptiert uns so, wie wir gerade sind.

Diese totale Liebe hat sich für uns als Eltern als die stärkste Motivationskraft erwiesen, die man sich denken kann. Wir möchten so werden, wie Gott uns haben will: Wir wollen die Frau, der Mann, die Mutter, der Vater werden, die er sich vorstellt. Dieser Wunsch kommt nicht aus einer Angst heraus, Gott würde uns sonst zurückweisen. Er entspringt vielmehr der Dankbarkeit dafür, daß Gott uns akzeptiert, wie wir gerade sind, und sieht, was aus uns noch werden kann.

Und genau das ist es, was von uns im Hinblick auf unsere Kinder erwartet wird: sie zu akzeptieren, wie sie gerade sind, nämlich mit ihren ständigen Schwankungen, ihrem Balanceakt zwischen Kindheit und Erwachsenwerden. Diese Jugendlichen sind auf der Suche nach ihrer Identität und danach, wie sie ihre Persönlichkeit einbringen können; sie sind noch nicht fertig, sie entwickeln sich noch körperlich, geistig, seelisch und in Glaubensdingen. Wenn wir sie so annehmen, wie sie sind, erst dann können wir sie ermutigen, zu wachsen und die Menschen zu werden, die Gott sich vorgestellt hat.

Die folgenden drei Schritte können Ihnen helfen, Ihr Kind so zu akzeptieren, wie es momentan gerade ist. Wir nennen diesen Prozeß „Augenoperation“ (vgl. Matthäus 7,3–5).

Erster Schritt: Den Balken im eigenen Auge erkennen

Der erste Schritt besteht darin, sich vom Negativen abzuwenden. Lesen wir das Matthäusevangelium:

„Du regst dich auf über die kleinen Schwächen deines Bruders und erkennst nicht deine eigene, viel größere Schuld. Du sagst: ‚Mein Freund, komm her! Ich will dir die Augen für deine Fehler öffnen!‘ Dabei bist du blind für deine eigene Schuld. Du Heuchler! Kümmere dich zuerst um deine Fehler, dann versuche, deinem Bruder zu helfen.“

Wir sind so mit den wechselnden Launen unserer halbwüchsigen Kinder beschäftigt und konzentrieren uns so sehr auf ihre vielen Unzulänglichkeiten, daß wir unsere eigenen Fehler gar nicht mehr wahrnehmen.

Uns hat die Übung, die Sie auf Seite 45 finden, geholfen, von den Fehlern unserer Jungen wegzusehen und statt dessen den „Balken aus unserem eigenen Auge zu ziehen“. In der linken Spalte notierten wir die Fehler unserer Kinder – ohne falsche Rücksichtnahme. Es wurde eine ziemlich lange Liste. In der rechten Spalte führten wir auf, wo wir auf diese Fehler falsch reagiert hatten – das war eine viel schwierigere Angelegenheit. Vielleicht haben Sie ein Kind, das dem Wort „Unordnung“ ungeahnte Bedeutungsdimensionen gibt. Was ist Ihre Antwort darauf? Nörgeln, Stöhnen? Mißbilligende Blicke? Werden Sie laut? Vergleichen Sie ihn/sie mit anderen Jugendlichen, die angeblich die personifizierte Ordnung selbst sind? – Ihre Bestandsaufnahme könnte so aussehen wie die Tabelle auf S. 40 es zeigt: eine ungeschminkte Bilanz der Reaktionen einer Mutter auf Fehler ihres Kindes, einschließlich der Verbesserungsmöglichkeiten.

Jetzt sind Sie an der Reihe

Nehmen Sie sich jetzt einen Moment Zeit und füllen Sie den ersten Teil von Übung 2 (S. 45) aus. Vielleicht blättern Sie dazu noch einmal zurück zu Übung 1, wo Sie bereits einige Schwächen Ihres

Kindes notiert haben. Erlauben Sie sich, wirklich alles aufzuschreiben, was Sie ärgert – Sie können diese Negativ-Liste ruhig noch ergänzen. Egal, wie lang die „Fehlerliste“ schließlich wird – Sie werden merken, daß Ihre falschen Reaktionen auf die Fehler Ihres Kindes genauso negativ sind wie die Fehler Ihres Kindes selbst. Aber: Lassen Sie diesen Zettel keinesfalls Ihrem Kind in die Finger kommen! (Vielleicht möchten Sie diese Übung auch zunächst kopieren und das Blatt anschließend ausfüllen.) Diese Übung ist dazu gedacht, den Balken im eigenen Auge zu erkennen und herauszuziehen. Sie hilft, sich von einer negativen Sicht zu befreien, damit Sie damit anfangen können, die guten Seiten in ihrem „unmöglichen“ Teenie-Kind zu sehen. Sie können alles, was Sie dabei an eigenen und fremden Fehlern, anderen Verhaltensmöglichkeiten und gelungenen Lösungen entdecken, als Bekenntnis, Bitte oder Dank im Gebet vor Gott bringen.

Füllen Sie nun die letzte Spalte aus. Überlegen Sie, wie Sie angemessener reagieren können. Nachdem Sie sich darüber klargeworden sind, in welcher Weise die Fehler Ihres Kindes und Ihre eigenen negativen Reaktionen darauf zusammenspielen, werden Sie eher in der Lage sein, in einer ähnlichen Situation angemessener zu reagieren.

Zweiter Schritt: Dankbar sein für die guten Seiten

Stimmt es eigentlich nicht, daß Ihr Kind sich in der Schule anstrengt? Daß er/sie anruft und Bescheid sagt, wenn er/sie mal später nach Hause kommt? Daß er/sie sich bemüht, sein/ihr Temperament in den Griff zu kriegen? Daß er/sie sich Mühe gibt, hin und wieder auch entgegenkommend zu sein? Seien Sie dankbar für diese Dinge! Im Brief des Paulus an die Philipper lesen wir:

„Orientiert euch an dem, was wahrhaftig, gut und gerecht, was anständig, liebenswert und schön ist. Wo immer ihr etwas Gutes entdeckt, das Lob verdient, darüber denkt nach“ (Philipper 4,8).

Es ist leider so, daß viel zu viele Eltern diesen Vers wie folgt interpretieren:

„Schließlich, orientiert euch an dem, was unwahrhaftig, unehrenhaft und ungerecht, was unanständig, hassenswert und unschön ist. Wenn es etwas bei euren heranwachsenden Kindern gibt, das nicht exzellent ist, was kein Lob verdient, darüber denkt nach.“

Wie reagieren Sie?

Fehler meines Sohnes:	**Falsche Reaktion:**	**Richtige Reaktion:**
Vorlaut, respektlose Sprüche	Ich reagiere bissig, kritisiere und halte Moralpredigt Nr. 309.	Etwa: „Ich sehe, daß du dich über mich geärgert hast, aber die Art, wie du das zum Ausdruck bringst, ist unakzeptabel. Laß uns später darüber reden.
Respektlose Blicke	Ich explodiere – „rege mich künstlich auf", wie er sagt.	Am besten ignorieren. Zu einem späteren Zeitpunkt noch einmal das Thema „nonverbale Kommunikation" aufgreifen.
Will von Kirche und Gemeinde nichts mehr wissen.	Ich ertrinke im Selbstmitleid. Sehe nur noch das Hier und Jetzt und verliere den Blick dafür, was Gott alles in seinem Leben noch bewirken kann – und daß Gott sich schließlich viel mehr um seine Beziehung zu meinem Sohn sorgt, als ich es tun kann.	Spielraum geben. Ihn nicht mit Glaubensthemen überfüttern, aber darauf achten, daß er mit Menschen in Kontakt kommt, die als Christen überzeugend sind.
Ist unfair zu Geschwistern.	Ich werde wütend, laut und drohe mit Strafe. Komme nur noch mit Forderungen.	Nicht laut werden. Könnte es mit einer Bemerkung versuchen wie: „Moment mal, Freunde. In dieser Familie ist einer für den anderen da. Leute, die einem das Leben schwermachen, gibt es anderswo noch genug."
Kommt nur noch mit Forderungen.	Ich gebe zu schnell nach. Später bin ich sauer und nicht gut auf ihn zu sprechen.	Humorvoll reagieren: „Tut mir leid, bin gerade nicht im Dienst."

Abbildung 2

Eltern halten sich viel zu oft bei den Negativposten ihrer Kinder auf, und das führt dazu, daß die Kinder auch fast ausschließlich entmutigende Kommentare zu hören bekommen. Ein Familienberater sagte einmal: „Ich erlebe sehr häufig Eltern, die förmlich nach den Fehlern ihrer Kinder suchen und ständig auf den Unzulänglichkeiten und Mängeln herumreiten. Eine solche Erfahrung gerade in diesen turbulenten Jahren des Erwachsenwerdens bewirkt nichts anderes, als daß wir unser Kind, das wir doch lieben, aus dem Haus treiben – und geradewegs in die Abhängigkeit von Freunden und jeder Modewelle, die dort gerade ‚in' ist."

Denken Sie positiv!

Wir möchten statt dessen Mut machen, sich viel mehr mit den positiven Seiten im Leben Ihres Kindes zu beschäftigen. Wir möchten einige Hilfen geben, eine positive Einstellung zu gewinnen, damit Sie Ihr Kind ermutigen und aufbauen können. Gehen Sie noch einmal zur Übung 2 auf S. 45, und machen Sie jetzt eine Liste mit allen guten Eigenschaften Ihres Kindes. Sie werden überrascht sein, wie viele Sie entdecken!

Aber Vorsicht: Machen Sie die eine Übung nur in Verbindung mit der anderen. Sie sollten sowohl die guten als auch die schlechten Eigenschaften Ihres Kindes im Blick haben, um seine Persönlichkeit realistisch beurteilen zu können. Nachdem Sie diese Liste erstellt haben, bewahren Sie sie gut auf, damit Sie sie jederzeit wieder hervorholen können, wenn Sie einmal ganz „down" sind.

Wir möchten noch einmal betonen: *Was zählt, ist die Beziehung!* Je besser wir unsere Jugendlichen wirklich verstehen, um so besser können wir auch lernen, angemessen auf ihr Verhalten zu reagieren. Jugendliche empfinden die Welt oft als bedrohlich. Sie begegnen jeden Tag einer Menge von Leuten, die sie entmutigen oder irgendwie herunterziehen.

Wir können unsere Familien zu einem Ort machen, der unseren heranwachsenden Kindern Sicherheit gibt, während wir gleichzeitig versuchen, sie allmählich in ein eigenständiges

Erwachsenenleben zu entlassen. Wenn wir ihnen innerhalb sicherer Grenzen Freiheit geben, eigene Entscheidungen zu treffen, werden wir uns manchen zermürbenden Streit ersparen.

Unsere Kinder werden viel offener für unsere Vorschläge und auch für Korrektur sein, wenn sie spüren, daß wir sie ohne Vorbehalte lieben. Wenn wir offen und ehrlich sind und auch eigene Fehler eingestehen können, geben wir ihnen ein Modell, an dem sie sich orientieren können. Wie das aussehen kann, zeigt das folgende Beispiel aus dem Familienarchiv der Arps:

Das Frühstück war eine Katastrophe gewesen. Zwei unserer Söhne hatten sich gegenseitig kräftig in der Wolle, wobei der eine mit Worten um sich warf, die nicht ganz dem normalen Sprachgebrauch entsprachen. Dave (als der gelassene Beobachter) stand vom Tisch auf und ging ins Büro.

Claudia sagte solange nichts, bis die Jungen das Haus verlassen wollten. Dann konnte sie ihre Zunge nicht länger bezähmen, und einer unserer Söhne bekam ihre scharfen Worte um die Ohren geschlagen. Beide – sowohl Mutter wie Sohn – brauchten den im folgenden beschriebenen Prozeß, um die Dinge wieder in der richtigen Perspektive zu sehen.

Claudia erinnert sich: „Als ich an jenem Morgen am Küchentisch saß, wußte ich, daß ich Hilfe brauchte, um meinen Ärger zu verarbeiten und mein inneres Gleichgewicht wiederherzustellen. Wie sollte ich aus diesem Durcheinander herausfinden? Offensichtlich mußte ich bei mir selbst und meiner eigenen unangemessenen Reaktion anfangen!“

Schritt 1: Ich erkenne meine falsche Reaktion

Ich führte mir noch einmal vor Augen, was passiert war: das ärgerliche Verhalten meines Sohnes und meine nicht sehr positive Reaktion darauf.

Verhalten meines Sohnes:	**Meine falsche Reaktion:**
Er streitet sich und gebraucht absolut unakzeptable Schimpfwörter.	Ich werde wütend, schreie ihn an, putze ihn runter und das ebenfalls in durchaus unakzeptabler Sprache.

Als nächstes überlegte ich, was denn eine angemessene Reaktion gewesen wäre, und notierte sie ebenfalls auf meiner Liste.

Richtige Reaktion:

1. Ruhe bewahren.
2. Feststellen, daß seine Ausdrucksweise unangemessen ist.
3. Mit normalem Tonfall und Lautstärke sprechen.
4. Die Frage der Ausdrucksweise zu einem anderen Zeitpunkt mit ihm besprechen.

Schritt 2: Ich war dankbar für die positiven Eigenschaften meines Sohnes

Der nächste Schritt bestand darin, mich auf das Positive zu konzentrieren. Da wir so gegensätzlich sind, interpretiere ich manchmal sein phlegmatisches Temperament als Gleichgültigkeit. Wenn mein Perfektionismus und mein Hang, alles zu kontrollieren, mit seinem Temperament zusammentreffen, kommt es zum Knall. Als Hilfe für mich selbst schrieb ich deshalb auf, was mir an positiven Eigenschaften an ihm einfiel.

1. Er bemüht sich um gute Noten.
2. Er trinkt nicht und nimmt keine Drogen.
3. Er ist gewissenhaft in seinen kleinen Verpflichtungen.
4. Er mag sein Zuhause.
5. Er umarmt mich dann und wann.
7. Er kommt mit uns in die Gemeindeveranstaltungen.

Ich sah mir diese Punkte an und dachte: „Genau so einen Sohn hätte ich eigentlich gern.“ Meine Einstellung und meine Perspektive veränderten sich.

Schritt 3: Ich entschuldigte mich

Als mein Sohn an diesem Tag aus der Schule kam, entschuldigte ich mich. Ich erklärte ihm, warum ich so aufgebracht reagiert hatte.

„Ach, Mama“, sagte er, „ich denke, du hast einfach ein bißchen überreagiert.“

Ich stimmte ihm zu, weil er recht hatte, und wir beide wußten das. Wir haben die Erfahrung gemacht, daß unsere Kinder auch uns besser verstehen lernen, wenn wir vor ihnen unsere Fehler zugeben, und sie respektieren uns deshalb nicht weniger. Im

Gegenteil. Die Erkenntnis, daß Eltern nicht immer vollkommen sind, hilft Kindern, auch ihre eigenen Unzulänglichkeiten zu akzeptieren.

Schritt 4: Ich akzeptierte meinen Sohn

Später an diesem Nachmittag unterhielten wir uns noch lange in seinem Zimmer miteinander. Unsere Beziehung war wieder heil.

Nicht jedem fällt es leicht, sich bei den eigenen Kindern zu entschuldigen. Wenn es Ihnen schwerfällt, das direkt im Gespräch zu tun, können Sie es auch schriftlich versuchen. Vielleicht hilft folgendes Beispiel:

> *Liebe Sarah,*
>
> *ich hoffe, Du hattest einen guten Tag in der Schule. Ich habe heute viel über uns nachgedacht. Mir ist aufgegangen, daß ich in der letzten Zeit ziemlich negativ gestimmt war und daß Du nicht viel Positives von mir zu hören bekommen hast. Ich möchte mich dafür bei Dir entschuldigen. Schwächen hat jeder, und es war gewiß nicht richtig von mir, mich nur auf Deine Schwachstellen zu konzentrieren, wo Du doch so viele gute Seiten hast. Ich bin so dankbar für Dich, wie Du bist, und möchte Dir das auch besser zeigen. Meinst Du, wir können wieder einen gemeinsamen Kurs steuern?*
>
> *Alles Liebe, Deine Mutter.*

Jetzt fragen Sie sich vielleicht: Kommt wirklich etwas dabei heraus, wenn ich mich auch noch mit meinen eigenen Fehlern beschäftige? Ja, es kommt etwas dabei heraus! Es ist erstaunlich, wie schnell die Kommunikation wieder funktioniert, wenn wir als Eltern nicht die Augen vor unseren Fehlern verschließen und es lernen, unsere Kinder um Verzeihung zu bitten. Wenn wir unsere Kinder so akzeptieren, wie sie sind, schaffen wir ein Klima, in dem sie sich entfalten können. Zu wissen, daß vieles von dem, was in den Pubertätsjahren die Wellen hochschlagen läßt, vorübergehend ist, macht es uns als Eltern leichter, mit den unvermeidlichen Zusammenstößen besser umzugehen.

Übung 2

Akzeptieren Sie Ihr Kind

1. Den Balken aus dem eigenen Auge entfernen
   (Matthäus 7,3–5)

Fehler meines Kindes:	Meine falsche Reaktion:	Richtige Reaktion:

2. Positive Eigenschaften erkennen
   Was ich an meinem Kind wirklich schätze:
   1.
   2.
   3.
   4.
   5.

3. Entschuldigen Sie sich, falls erforderlich
   (Matthäus 5,23–24).

4. Akzeptieren Sie Ihr Kind – so, wie es ist, und ohne jeden Vorbehalt!

Teil 3

Unterscheiden

Wie man größere Hindernisse aus dem Weg räumt

Kapitel 4

Spargelbeine, Pickel und Zahnspangen

Können Sie sich noch an Ihre eigene Teenie-Zeit erinnern? Es ist hilfreich, sich in Erinnerung zu rufen, wie man sich selbst während der Pubertät gefühlt hat. Hier ein authentischer Bericht einer Mutter: „Ich kann mich noch heute schütteln, wenn ich an den Beginn dieser Zeit zurückdenke! Beine wie eine Bohnenstange. Pickel. Ständig die Frage im Kopf: Was denken die anderen über mich? Sehen sie, daß meine Nase schief ist? Meinen gepolsterten BH? Bemerkt nicht jeder sofort das Fehlen jenes Traumknaben, mit dem man auf der Freitagsdisco auftaucht? Wieso bin ich nur so ein Mickerling – klein und dürr? Und meine Augenwimpern – warum habe ich keine von der Sorte bekommen, die lang und geschwungen und betörend sind? Und zu allem Übel dann auch noch – die Zahnspange!“

„Minderwertigkeit“ ist das Schlüsselwort, mit dem sich diese Jahre am besten beschreiben lassen. Umfragen haben ergeben, daß nahezu 80 Prozent aller Jugendlichen sich selbst nicht mögen. Viele Eltern, mit denen wir gesprochen haben, halten die Altersspanne von zwölf bis fünfzehn für die schwierigste im ganzen Leben. „Der Beweis – unsere grauen Haare!“ Zweifel an sich selbst und Minderwertigkeitsgefühle erreichen einen nie dagewesenen Stand.

Auch anerkannte Vertreter der Entwicklungspsychologie halten die Pubertätsjahre für die wahrscheinlich kritischste Zeit in der seelischen Entwicklung eines Kindes. Oft geschehen in dieser von Selbstzweifel geprägten Phase Verletzungen, die die Persönlichkeit so angreifen und verletzen, daß dies nur schwer zu reparieren ist.

Bei Mädchen beginnt diese Phase der Minderwertigkeitsgefühle oft schon vor dem dreizehnten Geburtstag. Es gibt allerdings tatsächlich auch Jugendliche, die mit sich selbst rundherum zufrieden sind. Wenn Ihr Kind dazugehört, können Sie sich nur beglückwünschen!

Die meisten von uns würden wohl zustimmen, daß die beiden am höchsten geschätzten Eigenschaften heute Attraktivität und Intelligenz sind. Es ist höchst unfair – aber der intelligente, attraktive, ausgeglichene Jugendliche scheint automatisch alle Vorteile für sich gepachtet zu haben. Und doch ist es möglich, daß der Betreffende das überhaupt nicht bemerkt. Claudia sprach einmal mit einer Miss Amerika, die sich selbst nie als besonders attraktiv empfand, als sie heranwuchs (obwohl sie eine wirkliche Schönheit war). Es ist manchmal schwer vorstellbar, aber auch das attraktive, gutaussehende, begabte Kind leidet an einem Gefühl der Minderwertigkeit.

Wie sehen Sie Ihr Kind? Als ein großes Potential noch unerschlossener Möglichkeiten? Oder sehen Sie nur die Defizite? Das Bild, das Ihr Teenager-Kind von sich selbst hat, ist wahrscheinlich nicht sehr weit entfernt von dem Bild, das Sie von Ihrem Kind haben. Manchmal müssen Eltern an ihre Kinder glauben, auch wenn die offensichtlichen Tatsachen eine andere Sprache sprechen. Es ist unsere Aufgabe, das Positive zu betonen, das Negative zu verringern und uns über das, was dazwischenliegt, nicht allzusehr aufzuregen.

Claudias Sicht der Dinge sieht so aus: „Ich bin in einer Familie aufgewachsen, in der schulische Leistungen und akademische Grade eine große Rolle spielten. Schlechte Zensuren empfand ich als eine Katastrophe. Ich erinnere mich noch gut daran, wie mein Herz in die Magengrube sank, als einer unserer Söhne mit seinem ersten Zeugnis nach Hause kam. Wie konnte jemand bereits in der Grundschule solche Zensuren mit nach Hause bringen?

Ich biß mir auf die Lippen und atmete ein paarmal tief durch. Dann nahm ich meinen Sohn in die Arme und sagte: ‚Das ist ein tolles Zeugnis. Du hast es in allen Fächern geschafft! Aber in manchen Bereichen kann es noch besser werden. In dir stecken wirklich viele Möglichkeiten!‘

Zu diesem Zeitpunkt wußte ich noch nicht, daß ich diesen Kommentar kontinuierlich im Ablauf der nächsten neun Jahre wiederholen würde. Aber immer war ich davon überzeugt, daß unser Sohn große Fähigkeiten besitzt, auch wenn einige seiner Lehrer dies bezweifelten. In den letzten Jahren auf dem Gymnasium dämmerte meinem Sohn endlich, daß gute Zensuren die Voraussetzung dafür waren, daß er später mit einem Studium beginnen konnte, das ihm zusagte. Die Vierer wurden sehr schnell ersetzt durch Zweier und Dreier, manchmal sogar Einser. Und auch sein Studium schloß er später erfolgreich ab. Warum? Er schätzte sich selbst als intelligent ein, so wie wir es auch taten. Fast die gesamte Teenagerzeit hindurch hatte unser Sohn in seinem Zimmer ein Poster hängen mit folgendem Spruch: „Ob du denkst, du schaffst es, oder ob du denkst, du schaffst es nicht – du hast recht!"

Konzentrieren Sie sich auf die Stärken!

Ein Jugendlicher ähnelt einem Puzzle, das zu drei Vierteln fertiggestellt ist. Die Eltern sehen den Rahmen, aber sie sind so damit beschäftigt, sich auf die fehlenden Teile des Puzzles zu konzentrieren, daß sie gar nicht würdigen, wie schön das Bild schon geworden ist.

Natürlich sagen wir nicht, daß man die Unzulänglichkeiten und Schwächen vollkommen ignorieren sollte – aber konzentrieren Sie sich nicht auf sie! Bewundern Sie die Teile, die schon da sind. Der folgende Brief eines Jungen macht deutlich, wie zerstörerisch unsere negative Haltung wirken kann:

Liebe . . .

Ich habe im letzten Zeugnis eine Eins gehabt, zwei Dreien und eine Vier, was für mich schon unheimlich gut ist. Meine Eltern haben ein Mordstheater gemacht, als sie die Vier sahen.

Ich habe ein ziemlich gutes Modellflugzeug gebaut, aber alles, was ihnen auffiel, war die Unordnung in meinem Zimmer. Vor einiger Zeit habe ich auf meinen kleinen Bruder aufgepaßt (umsonst!). Anstatt daß sie mir dafür dankbar sind, haben sie mich angeschrien, weil Larry die Schale mit den Erdnüssen zerschlagen hat. Dabei – wenn ich nach der Schale gegriffen hätte, anstatt Larry festzuhalten, wäre er vom Tisch gefallen.

Dauernd sagen sie zu mir, daß ich tolpatschig und faul und schlampig bin, und sie fragen: „Kannst du denn überhaupt nichts richtig machen?" Dann kriege ich eine Gardinenpredigt zu hören, wo ich mich überall ändern muß. Ich weiß, daß ich unge-

schickt bin und überall ins Fettnäpfchen trete. Das müssen sie mir gar nicht dauernd unter die Nase reiben. Manchmal habe ich das Gefühl, ich bin wie eine Eierschale – wenn noch einmal jemand draufhaut, kriege ich einen Knacks.

Kurz davor, aufzugeben, Dein ...

Wie kommt es eigentlich, daß wir uns so sehr auf die fehlenden Teile des Puzzles konzentrieren? Könnte es sein, daß unsere eigenen Unsicherheiten als Väter und Mütter daran deutlich werden? Wenn unser Kind in einem Bereich Schwächen zeigt, fällt das auf uns und unsere Erziehung zurück?

Angenommen, Ihr Kind schreibt nur Einsen und Zweien, nur in Französisch hat es eine Drei – worüber sprechen Sie die meiste Zeit? Natürlich muß Ihr Sohn oder Ihre Tochter etwas für Französisch tun, aber vielleicht sind Sprachen auch nicht gerade seine/ihre stärkste Seite? Und schließlich ist es nicht ganz falsch, was eine Jugendliche ihrer Mutter antwortete: „Du kannst mehr als die Hälfte von dem Stoff beherrschen – wenn gerade etwas anderes drankommt, kannst du trotzdem eine Fünf kriegen."

Auch Minderwertigkeitsgefühle haben ihre guten Seiten

Kommen wir noch einmal zurück zum Problem der Minderwertigkeitsgefühle. Manchmal kann sich ein gesundes Maß von Unterlegenheitsgefühl sogar günstig auswirken. Sie können das nicht nachvollziehen? Sie sagen vielleicht: „Und ich weiß, wovon ich spreche. Als Kind hatte ich einen ganz furchtbaren Minderwertigkeitskomplex."

Uns ging es nicht anders. Jeder fühlt sich von Zeit zu Zeit anderen unterlegen. Will Rogers sagte einmal: „Ich habe noch niemals jemanden getroffen, der nicht irgend etwas besser konnte als ich." Ein gesundes Empfinden der eigenen Unterlegenheit akzeptiert, daß es immer jemanden geben wird, der klüger, hübscher oder begabter ist als man selbst. Zu oft passiert es, daß wir als Eltern wohl unsere eigenen Schwächen akzeptieren, aber von unseren Kindern verlangen, daß sie immer und überall die Besten sind.

Als wir vor Jahren wieder in die Vereinigten Staaten zurückgingen, waren unsere Jungen Profis in den Sportarten, die sie in Europa kennengelernt hatten: Skifahren und Fußball. Sie waren mit die besten Skiläufer, die das Wettkampfteam der Schule seit langem hatte. Bald sammelten sie Auszeichnungen. Es dauerte nicht lange, da fuhren sie Rennen für die Regional-Liga. Sie haben es vielleicht schon vermutet: Hier stießen sie auf andere Jugendliche, die ein klein wenig schneller waren als sie. Wir mußten unseren Söhnen helfen zu verstehen, daß sie keine Versager waren, wenn sie den zweiten oder dritten Platz belegten oder auch als letzte durchs Ziel kamen, solange sie sich anstrengten und ihr Bestes gaben.

Die andere Seite der Medaille

Andererseits gibt es Dinge, die jeder von uns gut kann, oft sogar besser als andere. Wir müssen die Bereiche herausfinden, in denen sich unsere Kinder auszeichnen, und ihnen helfen, sich diese Stärken zunutze zu machen. Aber Achtung! Hier lauern drei Fallen:

Falle Nr. 1: Wir möchten, daß sich unsere Kinder in den Bereichen auszeichnen, die wir *für erstrebenswert halten.*
Wenn der Vater ein Fußballstar ist, könnte er seinen Sohn ebenfalls in diese Richtung drängen, auch wenn Peter viel lieber Schmetterlinge sammeln würde. Versuchen Sie herauszufinden, wo die Neigungen Ihres Kindes liegen. Da einer unserer Söhne schon immer gern diskutierte und argumentierte, waren wir nicht sehr überrascht, als er gefragt wurde, ob er der wöchentlichen Diskussionsrunde an seinem College beitreten wolle. „Du bist ein Naturtalent!" sagten wir zu ihm. „Mit uns diskutierst du schon achtzehn Jahre lang."

Falle Nr. 2: Wir möchten, daß unser Kind sich in allen *Bereichen auszeichnet.*
Die Geschichte „Der Hase im Schwimmverein" zeigt, was dabei herauskommen kann, wenn wir von unserem Kind auf allen Gebieten gute Leistungen erwarten.

Einmal beschlossen die Tiere, sie wollten etwas Besonderes tun, um mit den Problemen der neuen Welt fertigzuwerden. So gründeten sie eine Schule. Sie stellten einen Lehrplan auf, der Laufen, Klettern, Schwimmen und Fliegen enthielt. Um den Unterricht besser durchführen zu können, belegten alle Tiere alle Fächer.

Die Ente war Meisterin im Schwimmen; sie war sogar besser als der Lehrer. Im Fliegen erreichte sie allerdings nur sehr mittelmäßige Noten, und im Laufen war sie ganz schlecht. Weil sie so langsam lief, mußte sie das Schwimmen auslassen und nach dem Unterricht dableiben und Laufen üben. Das hatte zur Folge, daß ihre Füße mit der Schwimmhaut sehr in Mitleidenschaft gezogen wurden, so daß sie auch im Schwimmen nur noch Durchschnitt war. Aber durchschnittlich zu sein, ist ja nichts Unehrenhaftes, und so machte sich niemand darum viel Gedanken – niemand außer der Ente.

Der Hase war sofort der Klassenbeste beim Laufen, aber bald kriegte er ein nervöses Zucken in seinen Beinmuskeln, das kam von den vielen Extraschwimmstunden.

Das Eichhörnchen war unschlagbar im Klettern, aber in den Flugstunden wurde es ständig frustriert, denn sein Lehrer bestand darauf, daß es vom Boden aus startete anstatt von einem Baumwipfel nach unten. Es bekam vor lauter Überanstrengung Muskelkrämpfe in den Beinen und kriegte nur eine Drei im Klettern und eine Vier im Laufen."

Ob Ihr Kind nun ein Hase, ein Eichhörnchen oder sonst eine Gattung ist – konzentrieren Sie sich darauf, seine oder ihre ganz speziellen Talente zu fördern.

Falle Nr. 3: Wir drängen unsere Kinder zu früh *zu bestimmten Dingen.*
Als wir in die Staaten zurückkehrten, waren wir entsetzt, als wir sahen, daß es organisierten Vereinssport für Vier- und Fünfjährige gab sowie Tennisstunden für Kleinkinder. Manchmal sind wir so ängstlich darauf bedacht, daß unsere Kinder Erfolg haben, daß wir sie zu früh zu etwas drängen.

Wenn Kinder mit zehn Jahren bereits alles gemacht haben, was bleibt dann noch für die Teenagerzeit übrig? Hier wäre eine günstige Gelegenheit, die Aktivitäten Ihres Kindes einmal unter die Lupe zu nehmen. Kommt die Gereiztheit Ihrer Tochter möglicherweise daher, daß sie permanent dafür trainieren muß, vielleicht einmal Primaballerina zu werden, anstatt mit ihren Freundinnen zu spielen?

Solange Sie nicht in diese Fallen hineintappen, werden Sie in der Lage sein, Ihr Kind dabei zu unterstützen, seine/ihre Talente zu entfalten. Dazu müssen Sie ihn/sie wissen lassen, daß Sie auf seiner/ihrer Seite sind. Ganz gleich, was Ihr Teenager heute über sich selbst denkt – morgen früh kann alles schon wieder ganz anders aussehen –, er braucht dringend Ihre positive Unterstützung. Schauen wir uns einige Möglichkeiten an, wie Sie ein Mutmacher werden können.

Vier zu eins für Ermutigung

Haben Sie gewußt, daß vier positive Aussagen nötig sind, um eine negative auszugleichen? Achten Sie in den nächsten vierundzwanzig Stunden einmal darauf, wie viele positive und wie viele negative Sätze Sie zu Ihrem Kind sagen. Zu oft ist dieses Verhältnis positiver zu negativer Äußerungen von Eltern: eine positive Äußerung zu vier negativen – statt umgekehrt. Und dabei wären vier positive Sätze nur der Ausgleich zu einer negativen Äußerung!

Eltern müssen das Positive betonen; das Kind in den Dingen, die es gut kann, bestätigen, und – vor allem – die Dinge übersehen, die es nicht gut kann. Es ist viel besser, die Aufmerksamkeit auf das Positive zu konzentrieren, als das Negative auszubügeln. Ausgelacht zu werden, schmerzt immer, aber ein junger Mensch, der in seiner Familie Bestätigung erfährt, hat eine gute Ausgangsposition, um zu lernen, wie man damit fertig wird.

Wenn wir unsere heranwachsenden Kinder nicht aufbauen, wer wird es dann tun? Ihre Freunde? Wohl kaum; denn deren bevorzugter Sprachstil ist meist bestimmt von Sarkasmus, Cleverness und „coolem“ Getue.

Wer lobt den Jugendlichen? Seine Lehrer? Es gibt ja tatsächlich Lehrer, die ihre Schüler ermutigen, fördern und loben, aber es gibt auch solche, die Stoff vermitteln, indem sie kritisieren. Vielleicht kennen Sie ja auch Bemerkungen wie die folgenden: „Kannst du das nicht besser machen?" „Bist du begriffsstutzig?" „Deine Schrift sieht aus wie von einem Fünfjährigen." „Wo hast du denn heute deinen Verstand gelassen? Eingefroren?" „Wie kommen deine Eltern bloß mit dir zurecht?"

Machen wir uns das ganz klar: Wir sind diejenigen, die sich um einen manchmal unliebenswerten, oftmals unvernünftigen Teenager kümmern und ihn lieben können. Wir haben die Möglichkeit, einer der Menschen im Leben unseres Kindes zu sein, die es am stärksten bestätigen.

Mutmacher sein

Was fällt Ihnen spontan ein, wenn Sie über Lob nachdenken? Ein Besuch als Kind bei Ihrer Großmutter und ihre Begrüßungsworte: „Hallo, mein Liebling, du bist das allerbeste kleine Mädchen auf der ganzen Welt! Du bist einfach unübertrefflich!"

Oder klingt das in Ihren Ohren eher etwas falsch? Sie sind vielleicht nicht von Haus aus rebellisch gewesen, aber Wörter wie das „allerbeste Mädchen" und „unübertrefflich" treffen vermutlich auch nicht hundertprozentig auf Sie zu. Wenn es um Lob geht, denken wir viel zu schnell an Schmeichelei und Unaufrichtigkeit. Das ist kein echtes Lob. Wir wollen über ein paar grundsätzliche Dinge nachdenken, die wirkliche Ermutigung kennzeichnen.

Ermutigung ist aufrichtig

Schmeichelei ist unehrlich, während Ermutigung und Lob ehrliche, positive Einschätzungen einer Person oder Aktivität sind. Wenn Sie Ihrer vierzehnjährigen Tochter erzählen, sie sei das hübscheste Mädchen in ihrer Klasse, und das in einer Woche, in der sie zu viel Schokolade gegessen hat und man das an ihrem Gesicht deutlich ablesen kann, wird sie merken, daß Sie unaufrichtig sind. In Zukunft wird sie Ihnen auch ehrliche Komplimente nicht mehr abnehmen. Geben Sie nur aufrichtig gemeintes Lob.

Anerkennung sieht, was aus jemandem werden kann

Goethe soll gesagt haben: „Behandle einen Menschen so, wie er ist, und er wird bleiben, wie er ist. Behandle ihn so, als sei er bereits, was er sein sollte, so wird er eben dieser größere und bessere Mensch werden."

Was hat das mit Ihren Teenager-Kindern zu tun? Wenn Ihr Kind ein wirklich verantwortliches Verhalten zeigt oder ein gutes Urteilsvermögen zum Ausdruck bringt, machen Sie ihm ein Kompliment. Z. B. so:

– „Ich freue mich wirklich darauf, wenn du den Führerschein machen kannst. Ich glaube, du wirst ein sehr guter Autofahrer."

– „Du wirst bestimmt mal eine großartige Ehefrau, so wie du dich um die Bedürfnisse anderer Leute kümmerst."

– „Es ist ganz toll, deine Mutter zu sein, aber ich finde es auch schön, daß wir Freunde werden."

Vergessen Sie nicht, Ihrem Kind auch in Gegenwart anderer Bestätigung zu geben, aber achten Sie darauf, daß Sie ihn oder sie damit nicht in Verlegenheit bringen.

Anerkennung braucht Worte

Wir können alle möglichen positiven Gedanken über unsere Kinder im Kopf haben – wenn wir sie nicht aussprechen, bleiben sie wirkungslos. Wieviel „Anerkennungsenergie" haben Sie heute freigesetzt, indem Sie Ihr Kind gelobt haben? Im vorigen Kapitel ging es schon einmal darum, wie wichtig es ist, sich auf das Positive zu konzentrieren. Nun ist es an der Zeit, diese Grundsätze auch anzuwenden. Wie können wir als Eltern unserer eigenen Tendenz entgegenwirken, uns nur beim Negativen aufzuhalten? Zwei Vorschläge:

1. Denken Sie noch einmal an den Text aus Philipper 4,8. Bitten Sie Gott um den Blick für die erfreulichen und positiven Seiten im Leben Ihres Kindes.
2. Dann nehmen Sie sich vor, Lob und Anerkennung zu einer ständigen Gewohnheit zu machen.

Forschungen haben ergeben, daß es ungefähr drei Wochen dauert, bis man eine neue Angewohnheit mehr oder weniger automatisch übernommen hat, und sechs Wochen, bis man sich dabei gut fühlt. Jemand, der immer nur nörgelt, wird nicht über Nacht zum Mutmacher. Aber das Gute an dieser Feststellung ist: Bis wir sterben, haben wir noch jede Menge Gelegenheit, unser Verhalten zu verändern und zu verbessern!

Fangen Sie an, indem Sie anfangen

Eine Elterngruppe, die sich Gedanken darüber machte, wie sie in ihren Familien wirkungsvoller Lob einsetzen könnten, mußte sich eingestehen, daß ihnen die Angewohnheit, ihre halbwüchsigen Kinder zu ermutigen, völlig abging. Sie beschlossen, das Loben zu einer Gewohnheit zu machen und für den Anfang ihre Kinder in der ersten Woche fünfmal zu loben. Am Ende dieser ersten Woche berichtete eine Mutter: „Ich kam mir selbst ganz fremd vor, als ich mich selbst diese anerkennenden und ermutigenden Worte sagen hörte."

Es mag uns zunächst fremd vorkommen, aber lassen Sie es uns trotzdem tun. Anerkennung auszusprechen sollte uns zu einer täglichen Angewohnheit werden. Diese Grundhaltung der Bestätigung sollte sich auch in anderen Formen ausdrücken. Ermutigung läßt sich auf so viele verschiedene Weise ausdrücken. Hier ein paar Ideen, die wir in unserer Familie probiert haben.

Akrostichon

Einmal zu Ostern machte Claudia für jeden unserer Jungen ein Plakat mit einer Aufstellung aller positiven Eigenschaften, für die wir dankbar waren. Auf farbigen Photokarton klebte sie Buchstaben auf für das Akrostichon und versah das Ganze mit einem preisgünstigen Rahmen. Es dauerte höchstens eine Stunde, dann waren drei gerahmte Anerkennungs-Plakate fertig. Die Arp-Sprößlinge waren von den Bildern begeistert und hängten sie sogar in ihren Zimmern auf, neben ihre Poster, Sportabzeichen und sonstigen Schätze.

Schreiben Sie den Namen Ihres Kindes und dann untereinander die Buchstaben von beispielsweise „Ostern". Das könnte so aussehen:

Karin ist:

O rdnungsliebend und zuverlässig
S chifahrer-As
T raum aller Eltern
E infallsreich
R ichtig nett
N on plus ultra in Sprachen

Sie können diese Idee auch für den Geburtstag Ihres Kindes verwenden, indem Sie die Buchstaben des Vornamens verwenden:

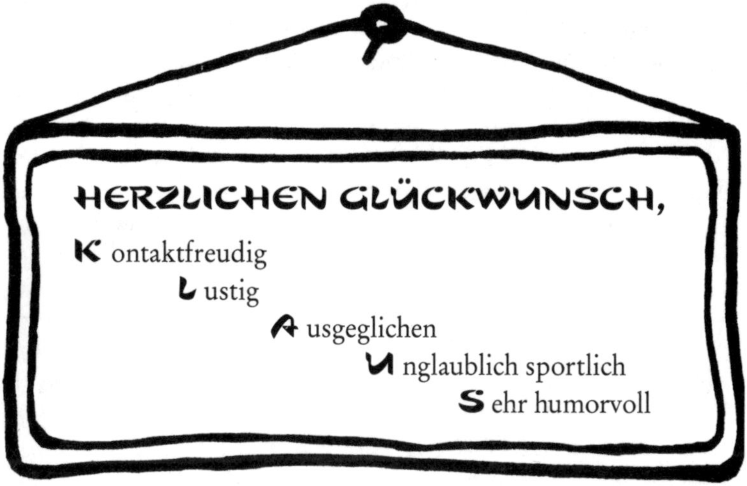

Dieses besondere Geschenk von Lob und Anerkennung vermittelt unseren Kindern (und allen Freunden, die in ihre Zimmer kommen) die Botschaft: „Meine Eltern finden, ich habe eine Menge guter Eigenschaften – vielleicht stimmt es ja sogar!"

Lassen Sie uns noch eine kleine Warnung anfügen. Wenn Ihre Kinder älter werden, sind sie vielleicht nicht mehr so von dem Gedanken begeistert, Ihr Kunstwerk für jedermann sichtbar an der Zimmerwand hängen zu haben. Vielleicht betreten Sie eines Tages das Zimmer, und das Bild ist nicht mehr da. Regen Sie sich nicht auf, das ist ganz normal. Die Bilder haben ihren Zweck erfüllt und haben Ihre Kinder daran erinnert, daß Vater und Mutter sie für etwas Besonderes halten. Ihre Botschaft der Ermutigung wird andauern, auch lange nachdem die Zimmerdekoration gewechselt hat!

Der rote Teller

Einmal erhielten wir zu einem Weihnachtsfest von guten Freunden ein sehr wertvolles Geschenk. Es war ein wunderschöner roter Keramikteller mit der Aufschrift: „Du bist heute etwas ganz Besonderes". Dieser Teller gehört mit zu unseren kostbarsten Besitztümern.

Wann nehmen wir diesen roten Teller in Gebrauch? An Geburtstagen, am Muttertag. Als Jonathan ein Tennismatch gewann, als Jonathan ein Tennismatch verlor, als Joel in einem Test eine Eins bekam, als Joel sehr viel für eine Prüfung lernte, aber leider die falschen Dinge. Sie verstehen schon, was gemeint ist. Wir gebrauchen ihn zu besonderen Gelegenheiten und für Tage, die unbedingt etwas Besonderes nötig haben.

Ein Freund von uns begeisterte sich für diese Idee und entdeckte in einer Töpferei einen roten Teller und eine rote Tasse, das Ganze für einen Spottpreis. Sie haben ihn an dem Tag eingeweiht, als ihr Sohn mit dem Fahrrad stürzte und sich die Schneidezähne ausschlug. Kaum in der Lage, etwas zu kauen, bekam er sein Essen auf dem roten Teller serviert und seine Milch in der roten Tasse.

Kleine Botschaften zwischendurch

Einfach, aber äußerst wirkungsvoll sind kleine Notizen, die Sie Ihren Sprößlingen von Zeit zu Zeit zukommen lassen können. Claudia hatte in der Küche eine Schublade, in der sie Karteikarten, einen Kugelschreiber und Aufkleber aufbewahrte. Auf einigen der Aufkleber war zu lesen: „Phantastisch!" „Eine Eins mit Stern!" „Einfach umwerfend!" Mit einem Aufwand von lediglich ein bis zwei Minuten ist es möglich, durch ein so kurzes Lob den Tag jedes Jugendlichen strahlend schön zu machen! Einige Beispiele sind angefügt. Benutzen Sie diese, oder erfinden Sie selbst welche. Der Gewinner sind Sie, wenn Ihr Kind die Botschaft empfängt: „Ich bin etwas Besonderes. Ich bin wichtig. Meine Mutter /mein Vater glaubt an mich!"

Um es noch einmal zu sagen: Seien Sie wachsam dafür, wann die Zeit kommt, in der Ihre Kinder finden, sie seien nun zu groß für Mutters nette Anmerkungen! Claudia dekorierte mehrere Jahre lang die Serviette für das Schulbrot eines unserer Söhne hin und wieder mit einem solchen Sticker oder einer Notiz. Er liebte die Aufkleber heiß und innig, zog sie vorsichtig ab und klebte sie auf seine Frühstücksdose. Am Ende des Schuljahres war alles, was man von der Dose sehen konnte, eine Collage aus Stickern. Wie lautete die Botschaft? Mama hat mich lieb und denkt, ich bin prima!

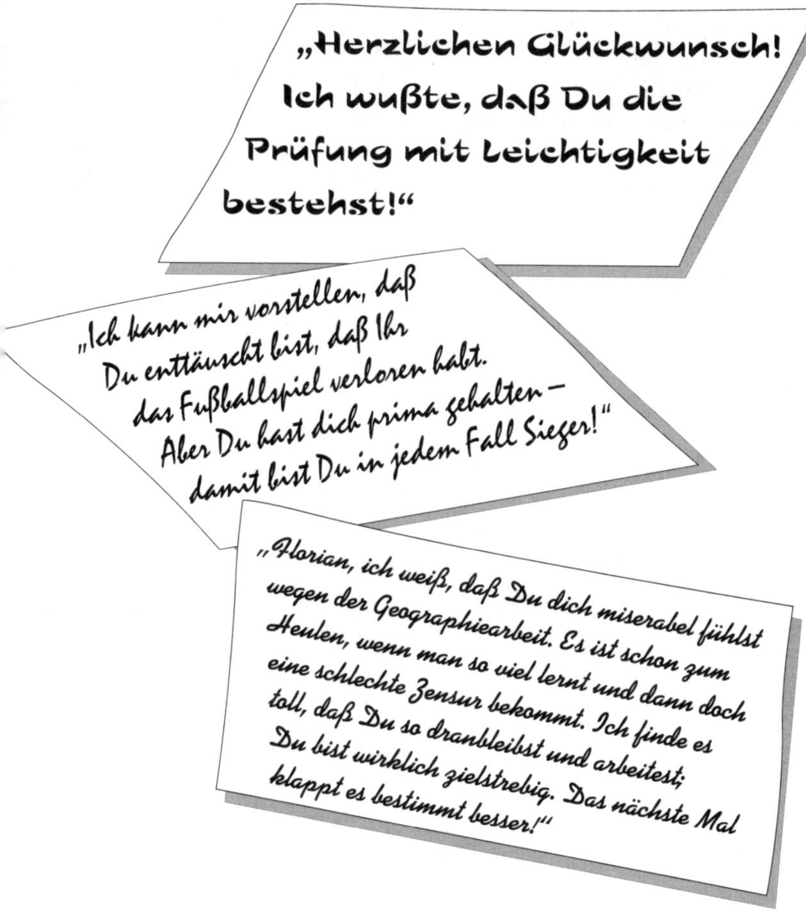

Das siebente Schuljahr rückte heran, und Aufkleber und kleine Notizen waren nicht mehr in Mode; unser Sohn nahm auch keine Frühstücksdose mehr mit, sondern hatte eine andere Mappe. Dave fiel diese Veränderung gar nicht auf, und als Claudia einmal nicht zu Hause war und er die Brote machte, klebte er wie gewohnt einen Sticker auf. Sie glauben nicht, was er sich da anhören mußte! Seien Sie also vorsichtig. Wir wollen unsere Kinder ja schließlich ermutigen und nicht in Verlegenheit bringen!

Ein Mutmach-Brief

Ein Geburtstag, ein besonderer Erfolg, ein trauriges Erlebnis – alles kann ein geeigneter Anlaß sein, einen Mutmach-Brief zu schreiben. Eine Bekannte von uns schrieb ihrer Tochter zu ihrem 13. Geburtstag einen Brief, in dem sie alle Bereiche aufführte, in denen ihre Tochter seit dem 12. Geburtstag Fortschritte gemacht hatte. Den folgenden Brief schrieb eine Mutter ihrer Tochter zu deren 16. Geburtstag:

Liebe Julia,
Deinen 16. Geburtstag wollen wir zum Anlaß nehmen, sechzehn Dinge aufzuzählen, die wir an Dir sehr schätzen.

1. *Deine freundliche Persönlichkeit – wir sind gern mit Dir zusammen.*
2. *Dein Einfühlungsvermögen*
3. *Dein starkes Zusammengehörigkeitsgefühl zur Familie*
4. *Du bist an vielen Dingen interessiert.*
5. *Deinen Mut, zu Deinem Glauben und zu Deinen Überzeugungen zu stehen*
6. *Du bemühst dich, dein Leben nach klaren Maßstäben auszurichten.*
7. *Dein hintergründiger Humor*
8. *Du bist ordentlich und kannst gut organisieren.*
9. *Deine Fähigkeit, die Leitung einer Gruppe in die Hand zu nehmen*
10. *Deine Entschlossenheit, Dich nicht einfach nur von anderen mitreißen zu lassen, sondern Deine eigenen Entscheidungen zu treffen*
11. *Deine guten schulischen Leistungen*
12. *Deine sportlichen Fähigkeiten*
13. *Du bist fair.*
14. *Du bist ehrlich.*
15. *Du weißt, was Du glaubst.*
16. *Du bist ein Vorbild für andere.*

Wir möchten, daß Du weißt, daß wir Dich sehr liebhaben und stolz auf Dich sind.
Herzlichen Glückwunsch zum Geburtstag!
In Liebe, Mama und Papa

Eine besondere Party

Eine Feier erwartet man am Geburtstag und anderen wichtigen Tagen, aber man kann auch für jemanden eine besondere Party geben, die keinen anderen Anlaß hat, als zu sagen: „Ich mag dich. Du bist etwas ganz Besonderes." Eine solche Party kann eine ganz einfache Angelegenheit werden oder sehr umfangreich vorbereitet sein, es kann Geschenke geben oder auch nicht. Der äußere Rahmen ist nicht so wichtig, sondern das, was man damit ausdrücken will! Hier der Bericht einer Mutter:

„In zwei Wochen sollten die Leichtathletikwettkämpfe stattfinden, und Oliver hatte seit Monaten trainiert. Es würde der Höhepunkt in seinem zweiten Collegejahr werden. Drei Tage vor dem Ereignis kam er beim Hochsprung unglücklich auf dem Boden auf und brach sich den Arm. Brach nun seine Welt zusammen? Natürlich!

Der Familienrat trat zusammen. Ich kochte sein Lieblingsessen, seine Schwester backte einen Kuchen und dekorierte ihn mit der Aufschrift: ‚Oliver, unser Superstar.' Wir fertigten Poster an: ‚Oliver, der Sieger des nächsten Jahres!' ‚Was zählt, ist der Kampfgeist' und ‚Oliver, wir mögen Dich!' Jeder gab ihm einen Gutschein, auf dem stand, was wir Besonderes für ihn tun wollten.

Hat diese Party Olivers Enttäuschung einfach hinweggewischt? Nein. Aber sie hat deutlich gemacht, daß wir ihn verstanden haben und seinen Kummer nachvollziehen können und daß wir auf seiner Seite sind."

Die harten Schläge mildern

Unser Leben ist durchzogen von Enttäuschungen, Verletzungen und Frustrationen. Die Teenagerjahre sind eine Zeit, in der man besonders leicht verwundbar und empfindlich gegen harte Schläge ist. Wenn wir bereit sind, in das Leben unserer Kinder großzügig Ermutigung zu streuen und uns auf ihre guten Seiten konzentrieren, können wir sie stützen und bestätigen, indem wir sagen: „Du bist etwas Besonderes. Du bist etwas wert. Ich bin froh, daß ich dich habe!"

Jetzt ist es an Ihnen zu überlegen, wie Sie Ihrem Kind den Rücken stärken können. Übung 3 gibt Ihnen ein paar konkrete Anhaltspunkte.

Übung 3

Ihrem Kind den Rücken stärken

1. Notieren Sie in den nächsten vierundzwanzig Stunden alle positiven und negativen Äußerungen, die Sie Ihrem Kind gegenüber machen.

2. Machen Sie Ihrem Kind in dieser Woche jeden Tag ein ernstgemeintes Kompliment. Schreiben Sie die Dinge auf, für die Sie aufrichtige Anerkennung aussprechen können.

   1.

   2.

   3.

   4.

   5.

3. Planen Sie für diese Woche eine Ermutigungs-Aktion, mit der Sie Ihrem Kind zeigen können, daß Sie durch dick und dünn zu ihm stehen. Sie können die Anregungen aus dem Text verwenden oder selbst etwas erfinden.

Kapitel 5

Laber mich nicht voll!!

Ich bin gut in der Schule, ich leite unseren Jugendkreis und bin einer der besten Spieler in unserer Basketballmannschaft", erzählte mir ein Jugendlicher. „Mein Vater könnte eigentlich stolz auf mich sein. Als ich zum Schulsprecher vorgeschlagen wurde, war ich ganz aufgeregt. Ich habe es meinem Vater erzählt, und er sagte: ‚Das ist ja prima, aber jetzt zieh dich um und wasch den Wagen. Gestern hast du es ja mal wieder nicht geschafft.' Er ist einfach immer zu beschäftigt, um richtig zuzuhören."

Ähnliche Erfahrungen machen viele Jugendliche. Eine Fünfzehnjährige stöhnt: „Ich fange an, mit meiner Mutter über etwas zu reden. Sie meint, daß sie mir zuhört, aber in Wirklichkeit wartet sie nur darauf, mich vollzulabern und Moralpredigt Nr. 397 abzuspulen. Alles, was ich zu tun habe, ist dazustehen und auf das ‚Amen' zu warten!"

Wenn diese beiden Berichte etwas darüber aussagen, was viele Jugendliche erleben, verbringen manche Eltern nicht gerade viel Zeit damit, ihren Kindern zuzuhören. Aber eines steht fest: Sie können keine gute Beziehung zu ihren Kindern im Teenager-Alter haben, wenn Sie ihnen nicht zuhören. Deshalb lautet einer der wichtigsten Grundsätze: *Zuhören, nicht belehren!*

Denken Sie an Ihre(n) beste(n) Freund(in). Wären Sie da auch zu beschäftigt, um ihm/ihr Ihre Aufmerksamkeit zu schenken? Würden Sie ihm eine Gardinenpredigt halten, wenn er/sie nicht Ihrer Meinung wäre? Würden Sie seine/ihre Grammatik korrigieren, wenn er/sie Ihnen etwas erzählt?

Wir wünschen uns guten Kontakt zu unseren Kindern, aber wenn sie uns etwas erzählen, sind wir oftmals nur mit unseren eigenen Gedanken beschäftigt. Wir nehmen noch wahr, daß Sohn oder Tochter reden, wir nicken und sagen, wenn es angebracht ist: „Tatsächlich", „hm . . .", „ach ja", aber mit unseren Gedanken und Gefühlen sind wir meilenweit entfernt. Der kleine vierjährige Sohn von Bekannten, der mit seinen Geschwistern um die

Aufmerksamkeit seiner Mutter kämpfte, legte seine Hände um ihr Gesicht, damit sie ihn ansehen mußte und ihm zuhörte. Jugendliche würden wohl nicht ganz so drastisch vorgehen, aber sie haben denselben Wunsch nach unserer ungeteilten Aufmerksamkeit, wenn sie uns etwas erzählen.

Manchmal trifft aber auch das andere Extrem zu. Wir hören zu kritisch auf das, was unsere Kinder berichten und analysieren jedes Wort. Beim geringsten Verdacht, da sei irgend etwas nicht ganz normal oder das Kind gerate jetzt auf gefährliche Abwege, geraten wir in Panik. Jugendliche mögen nun einmal Schockeffekte, und ihre Eltern dienen ihnen häufig als Versuchskaninchen.

Die Kunst des Zuhörens

Ein praktisches Beispiel

„Ich hatte mir beim Tennisspielen die Schulter ausgerenkt“, berichtet eine Mutter, „und ich hatte ziemlich starke Schmerzen, als Ruth anfing, mir von einem Gespräch zu erzählen, das sie mit einem Lehrer hatte, den sie nicht nur gern mochte, sondern bewunderte. Dieser Lehrer hatte gesagt, die Bibel sei von Menschen geschrieben, und sie enthalte viele Widersprüche. Selbstverständlich stünden viele gute Sachen darin, aber man könne einfach nicht alles übernehmen.

Zu dem Schmerz in meiner Schulter kam nun noch ein Druck in der Magengrube, der von dem Gefühl herrührte, in einem wichtigen Bereich versagt zu haben. War Ruth – im ‚reifen‘ Alter von vierzehn Jahren – jetzt im Begriff, alles abzuschütteln, was uns als Eltern wichtig war und was wir ihr vermittelt hatten, nur weil ein Lehrer etwas anderes behauptete?

Trotz des beklemmenden Gefühls bemühte ich mich, weiter zuzuhören. Ich erinnere mich, daß ich etwas sagte wie: ‚Ich finde es sehr gut, daß ihr über solche Themen im Unterricht redet. Hat dein Lehrer gesagt, wie er zu dieser Meinung gekommen ist und woher er seine Information hat? Weißt du, ich möchte nicht, daß sich dein Glaube auf das gründet, was ich sage, oder dein Zweifel darauf, was ein Lehrer zu sagen hat. Du mußt dir selbst ein Urteil bilden! Wir haben ein paar Bücher zu dieser Frage – vielleicht

Ich war einen Moment fassungslos und entgegnete: ‚Nun, das sind große Worte ...‘, dann hielt ich inne. Was wollte uns unser Sohn mit seinem Verhalten eigentlich sagen? Erstens war es sehr offensichtlich, daß Markus einmal nicht mit der Familie zusammen wegfahren wollte. Mochte er uns nicht mehr, oder war es einfach nur der starke Wunsch nach Unabhängigkeit?

‚Gib uns etwas Zeit, darüber nachzudenken‘, schlug ich vor. Das würde die Gemüter ein wenig abkühlen.

Als mein Mann und ich an diesem Abend über die Angelegenheit berieten, fiel uns eine mögliche Lösung ein. Vielleicht könnte ja Ralf, der Leiter von Markus' Jugendgruppe, mit den Jungen mitfahren. Er war dreiundzwanzig.

‚Ihn würden sie akzeptieren‘, meinte mein Mann. ‚Sie sind alle gern mit ihm zusammen, und man kann sich auf ihn verlassen.‘

Wie lange die folgenden ‚Verhandlungen‘ wohl gedauert haben, werden Sie sich fragen. Eine ganze Weile! Bei einem solchen Gespräch über die Sache verdrehte Markus die Augen und seufzte: ‚Lieber Himmel, sie sind wirklich großartige Eltern, aber manchmal wünschte ich mir welche von der Sorte, die sich nicht immer um alles kümmern.‘

Ralf und die sechs Jungen verbrachten großartige fünf Tage an der See. Und obwohl Markus es nie zugeben würde, war es Ralf, der einen großen Teil dazu beigetragen hat, daß sie so viel Spaß hatten. Sie tummelten sich stundenlang am Strand; sie liehen sich ein Videogerät aus und schauten insgesamt fünfzehn Filme an. Später meinte Ralf: ‚Ich habe nicht den Eindruck, daß ich euch so unter Kontrolle hatte, wie ihr glaubtet.‘ Und Markus hatte so viel Freiheit genossen, wie er verkraften konnte.“

Diese Eltern haben den Schlüssel gefunden, mit konfliktträchtigen Situationen umzugehen: die Fähigkeit zu erspüren, welche Anliegen und Empfindungen hinter den Worten unserer Kinder stehen und was sie uns eigentlich sagen wollen.

Auf Gefühle achten

Auf Gefühle achten, heißt: nicht beurteilen, keinen Rat geben, nicht analysieren oder die Art der Frage beanstanden. Zugegeben – es ist nicht ganz leicht zu bewerkstelligen. Hören Sie zu, mit geschlossenem Mund. Anschließend geben Sie einen Kommentar, dem Ihr Kind entnehmen kann, daß Sie sich bemühen, zu verstehen, wie er/sie sich fühlt. Ein Beispiel:

Teenager: „Melanie ist total altmodisch, sie verstellt sich, und außerdem lügt sie wie gedruckt."

Mutter (spontane Reaktion): „Woher willst du wissen, daß Melanie schwindelt und sich verstellt? Wie würdest du es denn finden, wenn jemand sagt, du bist altmodisch? Außerdem soll man andere nicht verurteilen."

Wenn diese Mutter sich die Mühe macht, auf die Gefühle ihrer Tochter zu achten, würde sie vielleicht folgendes entgegnen:

„Hört sich an, als ob ihr beide euch nicht mehr so gut versteht. Es ist keine schöne Erfahrung, wenn man merkt, daß sich Freunde gegen einen stellen, hm?"

Vielleicht spüren Sie diesen beiden Antworten einen Moment nach. Finden Sie es nicht auch schön, wenn jemand wirklich versteht, wie Sie sich fühlen, und es ihm nicht egal ist? Wir werden eher mit Schwierigkeiten fertig, wenn wir wissen, daß es jemanden gibt, der uns versteht. Wir können dieser „Jemand" für unsere Kinder sein, wenn wir bereit sind zuzuhören – nicht zu belehren, zu reagieren oder Ratschläge zu erteilen – und uns mit ihren Gefühlen zu identifizieren.

Abstand ist lebenswichtig

Es gibt nicht nur Eltern, die Naturtalente im Belehren und Gute-Ratschläge-Erteilen sind, sondern auch viele, die groß darin sind, sich in die Angelegenheiten anderer zu mischen, ganz besonders in die von Familienmitgliedern.

Zu jeder Stärke gehört auch eine Schwäche. Als Eltern müssen wir unser Bestreben im Zaum halten, möglichst alles über unsere Jugendlichen erfahren zu wollen. Wer ein gutes Verhältnis zu seinem Kind haben möchten, darf eben nicht das Tagebuch der Tochter lesen, auch nicht ihre Briefe und Notizen, und ebensowenig in der geheimen Schublade oder verschlossenen Schachtel des Sohnes herumwühlen, um festzustellen, ob alles in Ordnung ist. Wir bekämen dadurch vielleicht die eine oder andere Information, aber den Verlust des Vertrauens wiegt das niemals auf.

Vielleicht sollten Sie die Zimmer Ihrer Kinder, ihre Schreibtische, Tagebücher und die Hosentaschen von schmutzigen Jeans mit einem imaginären Aufkleber versehen: „Schnüffeln verboten! Zuwiderhandlungen werden strafrechtlich verfolgt!" Unsere Kinder brauchen besonders in der Teenagerzeit eine Privatsphäre; sie brauchen Raum, sich zu entfalten.

Ein Vater erzählte uns einmal, wie er es schafft, mit der oftmals aus Besorgnis erwachsenen Neugierde fertig zu werden:

„Als unsere Kinder so langsam in die Flegeljahre kamen, fingen meine Frau und ich an, darum zu beten, daß wir die schlimmsten Fehler, die sie machten, irgendwie bemerken würden. Dieses Gebet ist sicher erhört worden. Wir haben gestaunt, wie viele kleine Tips wir immer wieder bekamen: eine liegengebliebene Zigarette auf der Couch oder die Bemerkung einer anderen Mutter: ‚O ja, euer Sohn ist das reinste Wörterbuch für Kraftausdrücke.' Gott hat sich in dieser Beziehung als so verläßlich erwiesen, daß wir gar nicht mehr wissen wollten, als wir wissen müssen. Jetzt, wo unsere Kinder bald erwachsen sind, erzählen sie uns manchmal, was sie gemacht haben, als sie dreizehn und vierzehn waren. Wir sind dankbar für jede Menge Schutzengel, die damals im Einsatz waren, und wir sind heilfroh, daß wir nicht immer alles gewußt haben!"

An dieser Stelle noch eine kleine Anmerkung. In der beginnenden Pubertät (etwa von zwölf bis vierzehn) sind viele Kinder fasziniert von zweideutigen Ausdrücken und sehr grobem Sexualvokabular. Falls Sie also zufällig auf einen Zettel mit derartigen Vokabeln stoßen, geraten Sie nicht gleich in Panik! Sie sind deswegen als Eltern keine Versager! Sehen Sie diesen Zettel auch nicht als einschlägigen Beweis dafür an, daß Ihr Kind sich sexuell betätigt oder Drogen nimmt oder Ähnliches. Wenn Sie zufällig (also ohne „Nachspionieren") darauf gestoßen sind, können Sie so etwas zum Anlaß nehmen, mit Ihrem Kind darüber zu sprechen, welche Wörter man besser nicht gebraucht. Sie können mit ihm darüber sprechen, welches Geschenk uns mit der Sexualität gegeben ist und wie man gut damit umgeht. Aber denken Sie daran: „Konzentriert zuhören, selbst wenig sagen und nicht ärgerlich werden."

Als einer unserer Söhne dreizehn war, kam uns zu Ohren, daß er in der Schule reichlich unerfreuliche Ausdrücke gebrauchte.

Claudia erwähnte dies in einem Brief an eine gute Freundin, deren Kinder bereits älter waren. Was sie darauf antwortete, hat uns sehr geholfen:

„Ich habe zu 99% den Eindruck, das ist eine vorübergehende Sache. Er wird es ein paarmal machen, um die Aufmerksamkeit auf sich zu lenken. Wir erwarten von unseren Kindern nicht, daß sie nie etwas falsch machen. Aber da ist immer so ein ungutes, schmerzendes Gefühl, wenn wir hören, daß sich unser Kind danebenbenommen hat. Wir befürchten sofort, jeder Fehler würde sich zu einer lebenslangen Gewohnheit auswachsen . . . Statt ihn jetzt direkt auf diesen Vorfall anzusprechen, könnt Ihr doch bei passender Gelegenheit einmal das Gespräch auf den Gebrauch solcher Sprache bringen."

Das taten wir dann auch, aber Dave brachte das Thema schließlich doch noch einmal direkt zur Sprache. Der Kommentar unseres Sohnes lautete: „Papa, was ist, wenn ich verspreche, als Geburtstagsgeschenk für dich keine schlimmen Wörter mehr zu sagen?"

Dave stimmte sofort zu. Dieses Versprechen war eines der schönsten Geschenke, die er bekommen hatte.

Die eigene Ecke

Als die drei Arp-Jungen noch kleiner waren, hatten sie gemeinsam ein großes Zimmer, das wir in drei Bereiche unterteilt hatten. Als Jarrett dreizehn wurde, wurde uns klar, daß er einen Raum für sich brauchte.

Unsere Lösung sah so aus, daß Jarrett an seinem vierzehnten Geburtstag ein eigenes Zimmer bekam. Dazu räumte Dave sein Büro, das er sich nun im Wohnzimmer einrichtete. Daß Jarrett jetzt für sich sein konnte, verbesserte die Beziehungen zwischen den Brüdern beträchtlich. Aber war der Umzug für Dave nicht unbequem? Natürlich mußten wir zurückstecken, aber die Sache war es wert.

Nicht immer ist es möglich, in einem Haus oder einer Wohnung einen zusätzlichen Raum zu schaffen. Wir hatten uns jedoch vorgenommen, wo immer wir als Familie lebten, würden wir für jeden unserer Jungen irgendwie eine eigene Ecke schaffen. Jugendliche brauchen einen Platz, der wirklich nur ihnen gehört – auch wenn das bedeutet, daß man eine Wand einzieht und so zwei Zimmer erhält, oder Raumteiler und Bücherschränke dazu benutzt. Ein Raum, in dem ein Jugendlicher für sich sein kann, trägt zu einem guten Miteinander bei.

Unverzichtbar: Innerer Freiraum

Jugendliche brauchen ebenso Raum für ihre Gefühle; schließlich sind sie berüchtigt für jähe Stimmungswechsel. Psychologen sagen, daß Teenager einen Großteil ihrer Energie darauf verwenden, in ihrem Kampf um Unabhängigkeit ihre Impulse zu steuern. Sie drücken ihre Empfindungen eher mit ihrem Benehmen aus als durch Erklärungen, weil sie in der Kunst der Kommunikation noch nicht so bewandert sind. Manchmal sind sie streitsüchtig und reizbar.

Sind Sie als Eltern bereit, gemeinsam der Tendenz zu widerstehen, jede patzige Entgegnung zu beanstanden? Lassen Sie es zu, daß Ihre heranwachsenden Kinder ihren Gefühlen freien Lauf lassen? Die Familie ist der Ort, wo Kinder auch mal in die Luft gehen können und trotzdem geliebt und akzeptiert werden. Einer unserer Söhne hat es einmal so ausgedrückt: „Zu Hause ist der Platz, wo du dich auf den Kampf vorbereitest, aber nicht, wo du ihn kämpfst."

In einer Elterngruppe berichtete eine Mutter folgende Situation:

„Gestern kam Robert aus der Schule, knallte seine Schultasche auf den Küchentisch und schrie: ‚Dieser blöde Mathelehrer hat heute einfach eine Arbeit schreiben lassen, und ich habe sie verhauen! Ich hasse ihn! Ich hasse die ganze Schule! Ich gehe überhaupt nicht mehr hin!'"

Wie hat diese Mutter reagiert? Wenn sie ihrem Kind gefühlsmäßigen Freiraum gegeben hätte, hätte sie sagen können: „Das war ja offenbar eine totale Katastrophe heute." Wie viele von uns hat sie diesen Test beim ersten Mal allerdings nicht bestanden. Nach dem Gespräch über die Sache wurde ihr klar, daß nicht jede zugeknallte Tür und jeder Wutausbruch unbedingt korrigiert werden müssen.

Gestatten Sie Ihrem Kind den Luxus, auch mal seinen Gefühlen freien Lauf zu lassen. Warum nicht an dieser Stelle praktizieren, was Paulus schreibt: „Liebe ist weder verletzend noch auf sich selbst bedacht, weder reizbar noch nachtragend" (1. Kor. 13, 5)?

Erinneren Sie sich noch, was wir im ersten Kapitel sagten: „Wir müssen uns ändern, um dieselben zu bleiben." Dies ist ein gutes Beispiel. Wir sehen unsere Kinder jetzt mehr als Freunde, weniger als unsere Kinder. Sobald wir anfangen, ihnen einiges an Verantwortung für ihr Verhalten zu übertragen, sind wir auch nicht verpflichtet, jeden Fehler zu korrigieren, der uns vor Augen kommt.

Natürlich ist das ein Balanceakt. Es heißt nicht, daß unsere Kinder gewohnheitsmäßig mit den Türen knallen oder herummaulen dürfen, wo sie gehen und stehen. Auch sollte man ihnen nicht erlauben, sich wirklich respektlos zu verhalten. Meistens allerdings gehen Eltern zu streng mit ihren Kindern um, weil sie Angst haben, sonst völlig die Kontrolle zu verlieren. Das Ergebnis ist, daß Jugendliche nicht die Möglichkeit bekommen, ihren Gefühlen Ausdruck zu verleihen.

Einmal war einer unserer Söhne in einer Familie mit mehreren Kindern im Teenageralter. Anschließend sagte er: „Kannst du dir vorstellen, Mama, daß die Eltern von Nils überhaupt nie danach fragen, was er zu irgendeiner Sache denkt oder empfindet? Sie haben einfach ihren Standpunkt und sagen: ‚Das wird so gemacht. Keine Diskussionen!' Ich fände es schrecklich, wenn ich in der Familie leben müßte."

Wir haben die Erfahrung gemacht: Der erste Schritt von einer hierarchischen, vertikalen zu einer horizontalen Eltern-Kind-Beziehung, zur freundschaftlichen Beziehung auf gleicher Ebene, besteht darin, dem Jugendlichen gefühlsmäßigen Freiraum zu geben. Freundschaft gründet sich ja auf das Miteinander von zwei gleichberechtigten Partnern, und nicht darauf, daß der eine überlegen und der andere unterlegen ist.

Eine Bekannte von uns erzählte bedauernd, daß ihr Verhältnis zu ihrer Mutter sich niemals von der Mutter-Kind-Beziehung zu einer Freundschaft gewandelt hat, obwohl sie nun schon 38 Jahre alt ist und selbst zwei Kinder hat.

„Für meine Mutter bin ich immer noch das kleine Mädchen", sagte sie. „Sie gerät außer sich, wenn ich eine freiere Beziehung aufbauen will und eine andere Meinung habe als sie oder anders empfinde. Eine andere Ansicht zu haben, bedeutet für sie, respektlos zu sein. Aber sie ist doch meine Mutter. Ich wünschte mir so sehr, wir könnten auch Freundinnen sein!"

Diese Mutter hat es nicht gelernt, ihrer Tochter, als sie noch ein Teenager war, zu erlauben, auch mal ihre eigene Meinung zu äußern. Wie anders könnte heute ihre Beziehung zueinander aussehen!

Wenn man Kinder aus der Reserve locken muß

Was macht man mit einem Kind, aus dem man kein Wort herauskriegt, das einfach nicht reden will? Jemand hat einmal die Pubertät beschrieben als eine Phase, in der Kinder nicht mit anderen Familienmitgliedern reden, in einem Chaos hausen, das sie „mein Zimmer" nennen und aus dem sie dreimal am Tag auftauchen, um etwas Eßbares hinunterzuschlingen und die Familie anzuknurren. Was kann man da tun, um ein Gespräch in Gang zu bringen?

Eine Studie befragte Jugendliche: „Möchtest du über die folgenden fünf Themen mehr mit deinen Eltern sprechen oder weniger oder soviel, wie du es jetzt tust?" Die angegebenen Themen waren: Drogen, Freundschaften, Schule, Vorstellungen von richtig und falsch, Sexualität.

Dabei wurde festgestellt, daß „Jugendliche . . . sich mehr an ihren Eltern orientieren als an ihren Freunden. Sie finden es gut, wenn sie mit ihren Eltern über Dinge sprechen können, die ihnen zu schaffen machen. Das Alter zwischen 10 und 12 ist eine besonders günstige Zeit für Eltern, ihrem Kind zu helfen, Gespräche in Gang zu bringen und zu lernen, wie man miteinander so reden kann, daß auch die Gefühle zur Sprache kommen."

Die Verfasser der Studie bemerken aber auch: „Das Interesse von Jugendlichen, mit ihren Eltern über ihre Anliegen zu sprechen, nimmt zwischen dem fünften Schuljahr (58%) und dem neunten Schuljahr (37%) stetig ab. Die Anzahl derjenigen, die sich mehr Gespräche mit ihren Eltern über die fünf relevanten Themen wünschen, geht deutlich zurück."[1]

Nutzen Sie deshalb die wertvollen Jahre vor der Pubertät, um mit ihrem Kind ins Gespräch zu kommen. Wenn Sie so eine Basis gelegt haben, können Sie auch in den kommenden Jahren, wenn Ihr Kind sich nicht mehr so bereitwillig öffnet und von sich erzählt, darauf aufbauen. Folgende drei Bausteine haben sich dabei als Hilfe erwiesen:

Achten Sie auf offene Türen

Oftmals wollen Jugendliche zu den unpassendsten Zeiten mit uns reden – wenn beispielsweise gerade der Braten anbrennt, wenn wir müde sind und gerade mal ein paar Augenblicke allein sein möchten, um wieder zu uns selbst zu kommen, spät am Abend oder zwei Minuten bevor Gäste eintreffen.

Einer unserer Söhne kam um zwei Uhr nachts von seinem allerersten Schülerball zurück. Es war ein wunderbarer Abend gewesen! Er saß bei uns auf der Bettkante und sprudelte all die aufregenden Einzelheiten heraus, erzählte und erzählte, bis wir nur noch schlafen wollten. Schließlich sagten wir: „Erzähl uns den Rest morgen, okay?" Sie ahnen es vielleicht schon – der „Rest" wurde nie erzählt. Zwei Uhr nachts war die „offene Tür" gewesen, nicht der Morgen danach.

Als unsere Kinder noch kleiner waren, war es nicht schwer, Zeiten zum Gespräch einzuplanen. Wir brauchten nur mit ihnen Eis essen zu gehen. Das funktioniert allerdings keineswegs mit Jugendlichen! Man könnte ja zufällig Freunden begegnen, und dabei ertappt zu werden, wie man mit den Eltern ausgeht, wäre für einen Vierzehnjährigen etwa gleichbedeutend mit sozialem Selbstmord.

Fangen Sie an, nach „offenen Türen" Ausschau zu halten, und wenn sich eine auftut, halten Sie sie offen! Z.B. durch kleine Bemerkungen wie: „Das finde ich interessant!" „Darüber mußt du mir mehr erzählen." „Mich würde deine Meinung dazu interessieren." Solche Bemerkungen geben unseren Jugendlichen die Möglichkeit, sich wirklich zu öffnen. Jugendliche sind oft wie Schildkröten: sie strecken vorsichtig den Kopf heraus und testen, ob sie es wagen können, zu sagen, wie ihnen wirklich ums Herz ist. Das kann so aussehen, daß sie beispielsweise eine schockierende Behauptung in den Raum schleudern. Wenn darauf keine entrüstete Reaktion erfolgt, können sie weiterreden. Folgt eine Belehrung, ziehen sie sich wieder in ihren Panzer zurück.

Finden Sie einen Platz für Gespräche

Vor mehreren Jahren zogen wir in ein anderes Haus um. Vielleicht kennen Sie dieses Gefühl von Verlorenheit, wenn man nichts wiederfindet und nicht weiß, wohin man die Sachen räumen soll, die man gerade auspackt. Ein Umzug bedeutet viel mehr, als lediglich die Möbel einzuräumen und die Küche wieder funktionstüchtig zu machen. Er bedeutet auch, die besonderen Ecken zu entdecken, an denen man richtig gut miteinander reden kann.

Heute ist dies unser Wohnzimmer. Wenn wir dort sitzen, kommen auch die Kinder gewöhnlich herein und setzen sich dazu. Es hat den Anschein, als wenn es sich vor dem Kamin leichter reden läßt. Im Wohnzimmer steht auch kein Fernseher.

Vielleicht ist es bei Ihnen das Schlafzimmer oder das Zimmer Ihres Kindes oder der Küchentisch. Überlegen Sie einen Augenblick, wo sie am ehesten miteinander ins Gespräch kommen. Und dann richten Sie es so ein, daß Sie häufig dort anzutreffen sind – mit einem „offenen Ohr".

Planen Sie gemeinsame Aktivitäten

In unserer Familie hat es wesentlich zum gemeinsamen Gespräch beigetragen, daß wir immer viel Sport gemeinsam betrieben haben. Wir lernten Skilaufen, als wir beide schon über dreißig waren. Wenn wir vor Kälte zitternd mit unseren Jungen im Sessellift hochfuhren oder versuchten, einen steilen Abhang herunterzufahren, bekamen unsere Beziehungen zueinander Aufschwung. Das war die kalten Füße und den Muskelkater wert. Auch den Muskelkater von den Tennisdoppeln, die wir mit unseren Söhnen spielten. Wir tobten uns auf dem Tennisplatz richtig aus und saßen nach dem Spiel noch zusammen, müde und verschwitzt, und in einer Stimmung, in der man einfach über alles lachen konnte. Natürlich – um ehrlich zu sein – gab es auch manches Fiasko mit schlechten Entscheidungen und zornigen Verlierern, aber die schönen Erlebnisse überwogen bei weitem.

Natürlich heißt das nicht, daß Sie nun ein Supersportler werden müssen, wenn Ihre Kinder in die Pubertät kommen, aber in unserer Familie bildeten sportliche Aktivitäten einen Anlaß zu mehr Gesprächen und tieferem Austausch. Mit Ihrer Tochter einkaufen zu gehen, mit Ihren musikalischen Kindern zu singen, mit Computerfreaks Programme zu studieren – das alles und vieles mehr kann offene Türen bieten, damit das Gespräch zwischen Ihnen und Ihrem Kind nicht abreißt.

Haben Sie die Interessen Ihres Kindes zu den Ihren gemacht? Das macht Mühe, gewiß. In unserem Haus hat der Sport eine offene Tür für Gespräche bereitgestellt. Was erfüllt diese Funktion in Ihrer Familie?

Nehmen Sie sich ein wenig Zeit für die Übung 4, die die Theorie dieses Kapitels für Ihre Familie in die Praxis umsetzt.

Übung 4

Laber mich nicht voll!!

1. Wie können Sie Ihrem Teenager in Ihrer Beziehung Freiraum geben?

A: Räumlich?

B: Innerlich, emotional?

2. Wo finden die meisten Gespräche in Ihrer Familie statt?

3. Was können Sie mit Ihrem Kind gemeinsam unternehmen, um Gelegenheiten für ein Gespräch zu schaffen?

4. Welche gemeinsamen Interessen möchten Sie gern fördern?

5. Nehmen Sie sich für diese Woche vor zuzuhören, ohne sofort emotional zu reagieren, zu belehren oder Ratschläge zu geben.

6. Zur Erinnerung und zum Einprägen ein bewährter „Kommunikationstip“:
„Seid immer sofort bereit, jemandem zuzuhören; aber überlegt genau, bevor ihr selbst redet. Und hütet euch vor unkontrolliertem Zorn!“ (Jakobus 1,19)

Kapitel 6

Wenn die Verbindung gestört ist . . .

Die folgende Geschichte erzählte uns eine Mutter aus unserem Bekanntenkreis. Sie ist typisch für viele Situationen, in denen das Gespräch, die Brücke zwischen Eltern und Jugendlichen, erst einmal abgebrochen ist.

„Gedämpftes Murmeln drang in mein Unterbewußtsein und weckte mich aus dem Schlaf. ‚He, was machst du da?‘ ‚Mann, ich faß es nicht.‘ ‚Das ist echt cool.‘ ‚Willst du wirklich . . .?‘

Ich rollte mich auf die andere Seite und rieb mir die Augen. Wie spät war es eigentlich? Ich starrte auf die Leuchtziffern des Radioweckers: 1.30 Uhr. Träumte ich? Dann muß es aber eher ein Alptraum gewesen sein. Die Stimmen, die ich immer noch hörte, kamen von außen, vor dem Fensters neben unserem Schlafzimmer, also vom Zimmer unseres Sohnes.

Der Ärger stieg in mir hoch, und ich dachte: Das ist nicht fair. Ich schufte schließlich den ganzen langen Tag als Mutter für diese halbstarken Jugendlichen, und nachts will ich meinen Schlaf! Ich sprang aus dem Bett und stürmte in das Zimmer meines Sohnes.

Augenblicklich schleuderte ich ihm eine ganze Flut von Vorhaltungen über Rücksichtslosigkeit entgegen, daß ich meinen Schlaf brauche und was ich von Besuchern und Stimmen spät in der Nacht halte. Dann fiel mein Blick auf ein Seil, das in der Nähe des Fensters lag. ‚Und was soll das Seil da überhaupt? Willst du dich vielleicht mitten in der Nacht aus dem Staub machen?‘ Dann ließ ich noch meine Lieblingspredigt über Vertrauen vom Stapel. Nachdem ich meinem Ärger Luft gemacht hatte, kroch ich wieder zurück in mein Bett.

Am nächsten Morgen fragte ich mich, wie ich die Brücke, die ich in der Nacht abgebrochen hatte, wieder reparieren konnte. Was hatte ich falsch gemacht? Ich hatte meinem Sohn Beschuldigungen an den Kopf geworfen und meinem Ärger unkontrolliert freien Lauf gelassen. Die Liste könnte noch verlängert werden."

In Situationen wie dieser gibt es drei Leitsätze, die weiterhelfen:

1. Greifen Sie Ihr Kind nicht an wegen etwas, was zu seiner Persönlichkeit gehört.
2. Kritisieren Sie nicht die Charaktereigenschaften Ihres Kindes.
3. Beschäftigen Sie sich mit der Situation, die Sie vorfinden.

„Wenn etwas schiefläuft, ist das nicht der geeignete Augenblick, einem Jugendlichen etwas über seinen Charakter oder seine Persönlichkeit zu erzählen. Wenn jemand ertrinkt, ist es nicht der passende Moment, ihm das Schwimmen beizubringen oder ihm Fragen zu stellen oder sein Aussehen zu kritisieren. Man muß ihm helfen!"[1]

Wir können alle die Hinweise berücksichtigen, die wir über Zuhören, Gefühle erkennen und Gespräche fördern gelernt haben – und doch wird die Kommunikationsbrücke gelegentlich durchhängen und manchmal sogar einstürzen. Es ist hart, mit dem eigenen Versagen konfrontiert zu werden, besonders wenn wir uns Mühe geben. Wir sind alle Menschen; was können wir also tun, wenn wir oder unsere Kinder die Verbindung abgebrochen oder zerstört haben? Auf den folgenden Seiten wollen wir ein paar Tips weitergeben, wie Sie sich verhalten können, wenn die Kommunikation auf die eine oder andere Weise zusammengebrochen ist.

Wenn Eltern schuld an der Beziehungsstörung sind

Kehren wir noch einmal zurück zu der Eingangsgeschichte.

„Es war nicht zu übersehen, daß ich die Sache vermasselt hatte. Was konnte ich jetzt tun, die Brücke wieder aufzubauen, die ich in der Nacht zuvor abgerissen hatte? Das erste, was zu tun war: Ich mußte mich entschuldigen. Also sagte ich zu meinem Sohn: ‚Es war nicht richtig von mir, dir diese Anschuldigungen an den Kopf zu werfen und daß ich meinen Ärger an dir ausgelassen und dir nicht zugehört habe. Du konntest ja nichts dafür, daß deine Freunde um halb zwei in der Nacht noch vorbeigekommen sind. Verzeihst du mir?'

Als zweites entschloß ich mich, ihm meine Hilfe beim Restaurieren eines Möbelstückes anzubieten; mit dieser Arbeit wollte er sich ein zusätzliches Taschengeld verdienen. Farbe von einem Möbelstück herunterzukratzen ist etwas, das ich ungefähr so gern tue wie hartnäckig klebende Tapete von den Wänden zu reißen. Es war Schwerstarbeit, aber als wir beim Schmirgeln waren, hatten wir auch unsere negativen Gefühle heruntergekratzt, die in der vorigen Nacht unsere Kommunikation zum Einsturz gebracht hatten. Mit diesem Angebot habe ich meinem Sohn gezeigt, daß ich auf seiner Seite bin.

„Allerdings", fügte diese Mutter hinzu, „wenn ich ihn tatsächlich dabei erwischt hätte, wie er sich um Mitternacht aus dem Staub zu machen versuchte, hätte ich andere Maßnahmen ergriffen. Sich mitten in der Nacht aus dem Haus zu schleichen, gilt in unserer Familie als größeres Vergehen."

Wir müssen uns nicht mit abgebrochenen Brücken abfinden. Meistens kann man sie wieder reparieren, aber für gewöhnlich müssen wir selbst den ersten Schritt dazu tun.

Fehler zugeben lernen

Es ist nicht unwichtig zu lernen, wie man Fehler zugibt und auch um Verzeihung bittet. Gewöhnlich neigen wir dazu, uns zu entschuldigen und gleichzeitig den anderen anzuklagen. „Ich bin wirklich gestern aus der Fassung geraten, aber wie kannst du mir auch so einen Schrecken einjagen?!" Eine Entschuldigung dazu zu benutzen, dem anderen eine Lehre zu erteilen, ist ein Fehler und wird wirkungslos bleiben.

Statt anzuklagen, sollten wir nur unsere eigenen Fehler beim Namen nennen. „Ich habe dir jede Menge Verdächtigungen an den Kopf geworfen und meinen Ärger an dir ausgelassen. Kannst du mir verzeihen?" Warten Sie auch nicht darauf, daß Ihr Kind nun ebenfalls einen Fehler eingesteht. Sprechen Sie in diesem Zusammenhang nicht von seinen/ihren Fehlern, etwa mit der Frage: „Na, hast du mir nicht auch etwas zu sagen?"

Wenn es etwas zu verzeihen gibt, dann ist das zunächst eine Angelegenheit zwischen Ihrem Kind und Gott. Wenn Eltern mit gutem Beispiel vorangehen, wird der Jugendliche schließlich lernen, es ihnen gleichzutun. Wenn wir unsere eigenen Fehler zugeben, werden es unsere Kinder früher oder später auch tun. Wenn die Eltern sich entschuldigen können, können sie es auch!

Wenn der Jugendliche die Verbindung kündigt

Jugendliche in der Pubertät machen oftmals „die Schotten dicht", wenn sie frustriert sind oder sich ärgern, weil sie in einer bestimmten Situation nicht wußten, wie sie sich verhalten sollten. Stellen Sie sich die folgende Szene vor:

Mutter: „Was ist denn los, Christina?"

Christina: „Das ist ein ganz mieser Typ, ein Superidiot. Wieso wollte ich bloß mit dem gehen!?

Mutter: „Na, das klingt aber ganz schön wütend. Was ist denn passiert?"

Christina: „Ach laß mich in Ruhe, das geht dich nichts an."

Christina stürmt in ihr Zimmer, knallt die Tür hinter sich zu, dreht das Radio auf volle Lautstärke und ist für die nächsten Stunden für niemanden zu sprechen. Offensichtlich fühlt sich Christina verletzt, aber auch die Mutter ist verletzt, so aus dem Leben ihrer Tochter ausgeschlossen zu werden.

Wenn der Jugendliche den Mißklang in der Beziehung verursacht, prallen seine ungebremsten Beschimpfungen oftmals zurück und treffen Mutter oder Vater, die nicht wirklich die Ursache des Ärgers sind, aber zufällig im Wege stehen und nun die volle Wucht des Angriffs abkriegen. Wie können Eltern dann eine neue Brücke bauen, auch wenn nicht sie es waren, die sie zum Einsturz gebracht haben? Ein Anfang ist es, vergeben zu lernen, und das auch dann, wenn man nicht darum gebeten wurde.

Vergebung als Schlüssel

Wir müssen bereit sein, unseren Kindern zu vergeben, wenn sie uns mit ihren schroffen Bemerkungen verletzt haben, auch wenn sie sich nicht dafür entschuldigen. Keine Beziehung kann auf die Dauer ohne Vergebung bestehen, und Eltern sind in dieser Situation die Reiferen.

Eine Freundin, die mit ihrer Tochter schon so einiges hinter sich hat, sagt: „Jeden Morgen fange ich sozusagen mit einem bereinigten Beziehungskonto an. Ich wische alle verletzenden Bemerkungen und Angriffe von gestern einfach weg und gebe meiner Tochter die Möglichkeit, wieder neu anzufangen."

Verletzt es sie denn nicht, wenn sich ihre Tochter ihr gegenüber unfreundlich benimmt? Natürlich schmerzt das, aber sie hat es nicht zugelassen, daß diese Verletzungen die Beziehung zerstören. Wenn wir dahin kommen, uns mit unseren eigenen Verletzungen auseinanderzusetzen und unserem Kind zu verzeihen, sind wir in der Lage, die Situation objektiver einzuschätzen. Manchmal können ein paar kurze Sätze auf einer Karte oder einem Zettel die Kommunikation wieder in Gang setzen.

Christinas Mutter entschärfte die Situation, indem sie ihrer Tochter folgende Botschaft auf den Schreibtisch legte:

Liebe Christina,

heute morgen sahst du sehr gut aus mit deiner neuen Bluse. Du hast wirklich ein Talent dafür, dich gut anzuziehen. Ich weiß, es tut weh, wenn einen jemand enttäuscht. Ich habe für die ganze Sache gebetet, und ich bin sicher, du wirst das Richtige tun. Ich bin sehr dankbar, daß ich eine solche Tochter habe!

Alles Liebe,

Mama.

PS: Wenn du darüber reden willst – ich bin für dich da!

Christinas Mutter zeigte ihrer Tochter ihr Vertrauen, ihre Liebe und ihren Wunsch zu helfen, aber sie drängte sich nicht auf. Ihr PS ließ ihre Tochter wissen, daß sie für sie da war.

Sie mögen sich jetzt fragen, wie Jugendliche auf solche Briefe und Zettel reagieren. Von manchen kriegen Sie vielleicht eine Umarmung und bekommen zu hören, daß Sie wirklich echt stark sind. Andere verlieren kein Wort über diese „Liebeserklärung". Aber seien Sie nicht überrascht, wenn der Brief sorgfältig aufbewahrt wird. Es geht bei solchen Nachrichten nicht in erster Linie darum, eine Antwort zu erhalten. Wenn wir Briefe schreiben, zum hundertsten Mal eine schroffe Bemerkung vergeben, auch wenn wir nicht darum gebeten werden, wenn wir schmerzende Rücken einreiben oder uns als Taxiunternehmen betätigen, tun wir es, weil wir unsere Kinder lieben und als Eltern unsere Aufgabe so gut wie möglich erfüllen wollen.

Luft zum Atmen lassen, bitte!

Es gibt Zeiten, in denen Jugendliche schlicht und ergreifend in Ruhe gelassen werden wollen und niemanden brauchen, der wie ein guter Geist über ihnen schwebt und „Mama" heißt. Wenn wir wegen jeder kleinen Unstimmigkeit Briefchen schreiben, würden unsere Kinder uns das sehr bald abgewöhnen.

Vielleicht reagieren Sie ähnlich wie wir und haben es gern, wenn alles ordnungs- und programmgemäß abläuft und man genau weiß, woran man ist – aber das ist einfach nicht immer machbar und auch nicht gesund. Wenn heranwachsende Kinder sich mit ihren Problemen und mit zerbrochenen Freundschaften herumschlagen, würden wir oft nur zu gern in die Situation eingreifen und ihnen helfen. Aber oftmals ist es der bessere Weg, ihnen inneren Freiraum zuzugestehen.

Uns ist bisher noch niemand begegnet, der mit einer perfekten Gebrauchsanweisung für den Umgang mit anderen Menschen aufwarten konnte; wieviel weniger ist ein in der Entwicklung befindlicher Jugendlicher dazu in der Lage. Aber um die Weisheit, wann es beispielsweise „dran" ist, eine kurze Nachricht an unser Kind zu schreiben oder es einfach in Ruhe zu lassen, kann man bitten. Im schon genannten Jakobusbrief steht ein weiterer praktischer Hinweis: „Falls jemand von euch nicht weiß, was der Wille Gottes in einer bestimmten Sache ist, soll er um Weisheit bitten. Ihr wißt doch, wie reich Gott jeden beschenkt und wie gern er allen hilft. Also wird er auch euer Gebet erhören" (Jak. 1,5).

Dieser Vers ist sehr tröstlich. Es ist auch gut zu wissen, daß Gott es niemals leid wird, wenn wir ihn um Weisheit bitten. Er sagt nicht: „Ach du liebe Zeit, schon wieder Claudia und Dave! Ich habe den beiden doch schon in der vorigen Woche Weisheit gegeben!" Gottes Weisheit ist zu jeder Zeit verfügbar für uns und für Sie.

Wenn man „Nein" sagen muß

Alle Kinder wollen gelegentlich Dinge durchsetzen, bei denen die einzig mögliche Antwort nur „Nein!" heißen kann. Von folgendem Beispiel können sicher viele Eltern ein Lied singen:

Eines Abends ließ Markus beiläufig die Bemerkung fallen: „Ihr habt doch nichts dagegen, daß ich rauche, oder? Alle anderen machen es auch." – So! – Pause. –

Nach ein paar tiefen Atemzügen und Fragen der Eltern stellte sich heraus, daß Markus es bereits probiert hatte.

„Macht es dir denn wirklich Spaß?" fragte seine Mutter.

„Es war okay, nur, ich mußte ziemlich viel husten."

Nun führten die Eltern Gründe an, die gegen das Rauchen sprechen – Markus hielt ihnen seine Liste der Vorzüge entgegen: „. . . und es ist auch keine moralische Frage. Meine Freunde machen es, und ich möchte es auch. Außerdem macht es Spaß."

Die Diskussion ging noch ein wenig hin und her, schließlich sagte der Vater: „Markus, es sieht so aus, daß dir die Sache mit dem Rauchen wirklich wichtig ist, aber du kannst dir bestimmt vorstellen, daß wir mit dieser Entscheidung nicht ganz so gut klarkommen. Laß uns das Ganze überdenken, aber bitte laß es mit dem Rauchen, bis wir uns gemeinsam darüber klargeworden sind."

Markus war mit dieser zeitweiligen Einschränkung einverstanden. „Na gut", sagte er, „dann rauche ich eben nicht, wenn ihr es nicht wollt, aber ich finde immer noch nichts Schlechtes dabei."

Es wäre ein Märchen zu behaupten, die Angelegenheit wäre damit beendet gewesen. Eine ziemlich lange Zeit war das Rauchen ein heiß diskutiertes Thema in dieser Familie. Und auch die von den Eltern immer wieder zusammengesuchten Berichte über die negativen Auswirkungen des Rauchens überzeugten Markus nicht.

„Nein, du rauchst nicht! Ende der Diskussion!" – das klingt einfach. Die Diskussion mag dann zwar beendet sein, aber die Kommunikation zwischen Eltern und Kind ist es auch. Während dieser ganzen Prozedur gaben Markus' Eltern ihrem Sohn Gelegenheit, seine Sicht der Dinge zum Ausdruck zu bringen. Gleichzeitig war Markus die Beziehung zu seinen Eltern soviel wert, daß er nicht rauchte – oder zumindest nur selten.

Situationen wie diese werden auftreten – stellen Sie sich also besser darauf ein. Sicher ist, daß die Art und Weise, wie Sie mit einer solchen Situation umgehen, darüber entscheidet, ob die Verbindung zwischen Eltern und Kind abreißt oder nicht. Im folgenden stellen wir sieben Möglichkeiten vor, wie Sie mit Ihrem Kind im Gespräch bleiben können, auch wenn Sie etwas verbieten müssen:

1. Es ist ganz wichtig, daß Sie gut zuhören und bereit sind, sich mit den Gefühlen Ihres Kindes zu identifizieren. Geben Sie ihm/ihr Gelegenheit, zum Ausdruck zu bringen, wie er/sie die fragliche Sache sieht, so lange, bis das in ausreichender Weise geschehen ist.
2. Haben Sie Geduld! Wieviel einfacher wäre es für die eben genannten Eltern gewesen, einfach zu sagen: „Nein! Und jetzt ist Schluß!“ So zu verfahren ist vielleicht vordergründig einfacher, aber sie hätten auch die innere Verbindung zu ihrem Sohn verlieren können, und vermutlich hätte Markus dann hinter dem Rücken seiner Eltern heimlich geraucht.
3. Nehmen Sie die Sache nicht zu schwer. Erhalten Sie sich in jeder Diskussion auch den Sinn für Humor.
4. Konzentrieren Sie sich auf die Beziehung zu Ihrem Kind. Lassen Sie nicht zu, daß die Angelegenheit wie eine dunkle Gewitterwolke im Raum hängt und die Freundschaft zu Ihrem Kind zu zerstören droht.
5. Beantragen Sie eine „Abkühlungsphase“, wenn Sie sich über etwas ärgern. Wenn die Sache nicht furchtbar dringend ist, schlafen Sie einmal darüber, bis Sie sich wieder mit ihr beschäftigen.
6. Lassen Sie nicht zu, daß Sie in ungünstigen Momenten in schwerwiegende Probleme hineingezogen werden, z.B. wenn Sie Hunger haben, ohnehin abgespannt sind oder in der Nacht kaum geschlafen haben. Hören Sie zu, aber vereinbaren Sie mit Ihren Kindern einen späteren Zeitpunkt, um über das Problem zu reden.
7. Machen Sie sich immer wieder klar: Die meisten schwierigen Situationen sind wahrscheinlich vorübergehend. Falls die Angelegenheit nicht gerade lebensbedrohlich ist (die neueste Mode, Make-up, Frisur), fragen Sie sich selbst: Welche Bedeutung wird das in zehn Jahren haben? Und dann fragen

Sie sich, wieviel mehr die Beziehung zu Ihrem Kind in zehn Jahren wert sein wird. Meistern Sie die Situation, so gut es geht, aber tun Sie alles, was in Ihrer Macht steht, die Beziehung zu Ihrem Teenager zu erhalten.

Kommunikationsstörungen vorbeugen

Beide Seiten, Eltern und Jugendliche, müssen sich Mühe geben, um ein Einstürzen der Kommunikationsbrücke auch in der Zukunft zu verhindern. In unserer Familie hatten wir uns die folgenden Grundsätze zu eigen gemacht:

Vermeiden Sie „Du"-Botschaften

Sätze, die mit dem Wort „Du" beginnen, haben die Tendenz, den anderen anzugreifen, wohingegen Sätze, die mit „Ich" anfangen, den Sprecher mit einbeziehen und für den anderen nicht so bedrohlich klingen. Vergleichen Sie einmal die folgenden Aussagen:

„Du machst mich ganz wütend!" – „Ich bin furchtbar wütend!"

„Du liebst mich überhaupt nicht!" – „Ich habe das Gefühl, keiner mag mich!"

Vermeiden Sie „Warum"-Fragen

Fragen, die mit „Warum" beginnen, sind oft der erste Schritt zum Einsturz der Brücke. Ein Beispiel. Die Frage: „Warum kannst du nicht auch mal an mich denken und deine Sachen im Wohnzimmer aufräumen?" signalisiert nicht gerade eine kooperative Einstellung. Besser wäre zu sagen: „Da wäre noch das Wohnzimmer. Meinst du, wir kriegen da wieder Ordnung?" Der Schlüssel heißt: Das Problem angreifen, nicht die Person!

Bringen Sie Gefühle zum Ausdruck

Wir sprachen bereits darüber, wie wichtig es ist, zuzuhören und die Gefühle von Jugendlichen zu erspüren, wenn sie uns etwas erzählen. Ebenso wichtig ist es, daß wir unsere eigenen Gefühle zu erkennen geben und unseren Kindern helfen, ihre Gefühle herauszulassen. Hier ein einfaches Rezept, das wir in unserer

Familie angewendet haben und das sich auch im Umgang mit Ihrem Ehepartner als brauchbar erweisen kann. Sagen Sie ganz einfach, wie Sie sich in einer bestimmten Situation fühlen.

Zum Beispiel: „Ich finde es schrecklich, wenn im Wohnzimmer Essensreste und schmutziges Geschirr stehengelassen werden. Das bedeutet zusätzliche Arbeit für mich. Es wäre ganz einfach, wenn jeder seine eigenen Sachen mit in die Küche nimmt." Und dann: „Was haltet ihr davon?" In dieser Weise ist es möglich, mit dem Problem umzugehen und auch ihr Kind nicht in die Defensive zu treiben. Nicht selten wird dann die Antwort lauten: „Oh, Mama (Papa), entschuldige bitte, das habe ich vergessen. Ich mache es bestimmt beim nächsten Mal." Das Problem (unaufgeräumtes Wohnzimmer) wurde in Angriff genommen, aber die Beziehung wurde nicht beeinträchtigt.

Wenn Sie mit Ihrem Kind in einer Sache nicht übereinstimmen, könnten Sie etwa sagen: „Du siehst das vielleicht so, aber ich sehe es anders." Wiederum bringen Sie Ihre Gefühle zum Ausdruck, ohne Ihr Kind anzugreifen.

Wenn Ärger die Kommunikation blockiert

Die Hauptursache für Probleme in der Ehe ist nicht die Kommunikation, sondern die Frage, wie man mit Ärger umgeht, lasen wir bei David Mace. Könnte dies auch auf die Beziehung zwischen Jugendlichen und ihren Eltern zutreffen? Wir wissen alle, wie man miteinander redet, wir haben den besten Willen, diese Grundsätze anzuwenden – und dann passiert etwas, das uns zur Weißglut bringt, und schon löst sich unser gesunder Menschenverstand in Wohlgefallen auf. Wenn Sie sich noch nie so richtig über Ihr Kind geärgert haben, ist dieses Kapitel nicht für Sie bestimmt – und wir würden Sie gern einmal kennenlernen. Ärger gehört zum Leben. Die Frage ist nur: Wie gehen wir konstruktiv damit um, so daß wir die Brücke zum anderen nicht zerstören?

Lernen, Ärger zuzulassen

„Wenn ihr zornig seid, dann macht es nicht noch schlimmer, indem ihr unversöhnlich bleibt", schreibt Paulus im Epheserbrief (4, 26). Vielen von uns mag das wie ein Widerspruch erscheinen, aber wenn wir ehrlich sind, werden wir zugeben, daß wir häufig von Ärger überfallen werden. Harte Worte zerstören die Brückenpfeiler, und bevor wir es richtig registrieren, stehen wir auf der anderen Seite des Grabens und sehen keine Möglichkeit, wieder an das gemeinsame Ufer zurückzugelangen. Wenn Ärger also eine unvermeidliche Tatsache ist – wie können wir mit ihm fertigwerden?

In den Weisheitssprüchen des Alten Testaments finden wir den Hinweis: „Ein weiser Mann kontrolliert seinen Zorn. Er weiß, daß Ärger Fehler verursacht.“ Wo liegt der Mittelweg? Wie können wir mit unserem eigenen Ärger umgehen und auch unseren Kindern helfen, ihren Zorn zu beherrschen, statt sich von ihm beherrschen zu lassen?

Ausdrucksformen von Zorn

Das folgende Modell stellt verschiedene Möglichkeiten dar, mit Zorn oder Ärger umzugehen.[2] Konstruktiv mit seinem Ärger fertigzuwerden ist etwas, was man lernen kann. Je reifer jemand ist, desto vernünftiger wird er/sie mit Wut und Zorn umgehen. Aber auch viele Erwachsene haben gerade das nie gelernt und sind ein schlechtes Vorbild für ihre heranwachsenden Kinder. Trotzdem erwarten sie von ihnen, daß sie ihren Ärger angemessen unter Kontrolle halten oder überhaupt erst keinen zeigen.

Stellen Sie sich eine Leiter mit sechs Sprossen vor. Jede Sprosse steht für eine bestimmte Art und Weise, mit Ärger umzugehen. Die unterste Sprosse ist die schlechteste oder am wenigsten wirksame Methode und die oberste Sprosse die beste oder wirksamste. Das Ziel ist, die Leiter zu erklimmen, indem wir bessere Wege kennenlernen, Ärger, Wut und Zorn zu bewältigen. Dazu wieder ein Beispiel aus unserem Familienarchiv.

Es war ein großartiges Tennismatch gewesen – bis zum letzten entscheidenden Punkt. Jonathan gewann schließlich diesen Punkt und kommentierte dies mit der Bemerkung an Jarrett, er hätte den Ball, den Jarrett verpatzt hatte, mit Leichtigkeit gekriegt. Jarrett fand diese Bemerkung nicht besonders freundlich und fing nun seinerseits an, an Jonathans Spiel herumzumeckern. Die Emotionen schlugen hoch, und der kalte Krieg brach aus. Jonathan ist hier unser Beispiel, aber bevor wir berich-

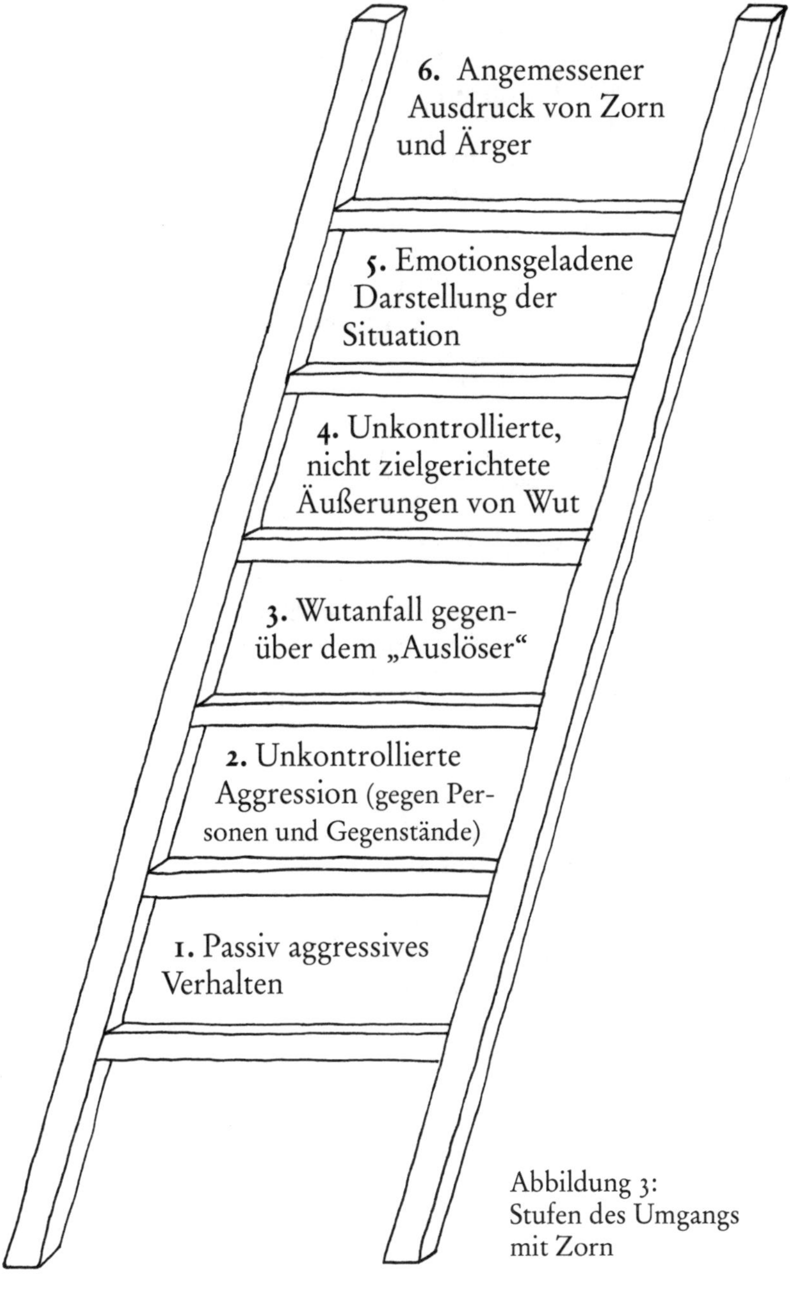

Abbildung 3:
Stufen des Umgangs mit Zorn

ten, wie er mit seinem Ärger fertig wurde, lassen Sie uns die sechs Stufen des Umgangs mit Ärger anschauen und sehen, wie Jonathan reagiert haben könnte.

1. Stufe: Passiv aggressives Verhalten (man sagt nichts, aber man zahlt es dem anderen heim)
Dies ist die unreifste und schlechteste Art, mit Ärger umzugehen. Jonathan hätte seinen Ärger über Jarrett runterschlucken können – und vielleicht später Jarretts neue Schallplatte beschädigen oder seinen Tennisschläger verstecken können oder ähnliches.

2. Stufe: Unkontrollierte Aggression (Aggression gegen Personen und Gegenstände)
Jonathan hätte einen Wutanfall bekommen und eigenes oder fremdes Eigentum zerstören können, oder er hätte gewalttätig gegen andere werden können, jedoch nicht unbedingt gegen die Person, die die Ursache des Zorns war. In unserem Fall hätte Jonathan vielleicht seinen Tennisschläger so heftig auf den Boden geworfen, daß er zerbrochen wäre; er hätte seinen Bruder anrempeln können oder vielleicht sogar seinen Zorn an Claudia auslassen können, die an dem Konflikt unbeteiligt war.

3. Stufe: Wutanfall (der Wunsch, jemanden mit verbaler Gewalt – Geschrei oder Gebrüll – zu „verletzen“)
Jonathan hätte seinen Bruder anschreien und damit versuchen können, ihm mit Worten wehzutun. Möglicherweise hätte er auch Claudia verbal angegriffen.

4. Stufe: Unkontrollierte, nicht zielgerichtete Äußerungen von Wut (Schimpftirade, Herumschreien)
Auch auf dieser Stufe hätte Jonathan seine Worte nicht unter Kontrolle, aber er hätte niemanden verletzen wollen. Er würde herumschreien und sehr unangenehm sein. Aber es wäre dennoch schon ein Fortschritt. Dies ist ein viel besserer Weg, mit Ärger umzugehen, als die vorangegangenen drei Verhaltensweisen, weil Jonathan weder Dinge noch Personen zerstört hätte oder auf Rache sinnen würde.

5. Stufe: Emotionsgeladene Darstellung der Situation (man macht seinem Ärger in Worten Luft)

Auf dieser Stufe wäre Jonathan zwar laut geworden, hätte aber seine Bemerkungen auf das Problem und auf seinen Bruder beschränkt: „Du brauchst mir keine Ratschläge zu geben, wie ich Tennis spielen soll!“

6. Stufe: Angemessene und vernünftige Reaktion auf den Auslöser des Zorns (man drückt Gefühle sachlich aus: „Ich habe mich darüber geärgert, daß du ...“)

Dies wäre natürlich der beste Weg für Jonathan gewesen, mit seinem Ärger umzugehen. Er hätte sagen können: „Ich habe mich geärgert, und ich mag es nicht, wenn du mir Ratschläge erteilst!“ Später hätte er mit seinem Bruder die Angelegenheit sachlich erörtern können, und sie hätten sich vielleicht folgendes vorgenommen: „Wenn wir das nächste Mal Tennis spielen, machen wir keine Bemerkungen, höchstens ehrliche Komplimente. Wenn wir für ein Spiel trainieren, dann kannst du mir Tips geben.“

Wir würden nun natürlich gern berichten, Stufe 6 sei genau die Art und Weise gewesen, wie Jonathan auf die Situation reagierte. Tatsache ist aber, daß er sich eher wie in Stufe 4 beschrieben verhielt. Wir waren allerdings froh, daß er es so gut gemacht hatte, statt uns darüber aufzuregen, daß er nicht die „ideale“ Lösung erreicht hatte.

Das Problem zu lösen, bedeutet für beide Seiten, die Sache vernünftig und logisch zu untersuchen, darüber zu reden, beide Sichtweisen zu verstehen und zu einem gemeinsamen Entschluß zu kommen, was zu tun ist. Dies erfordert ein großes Stück Reife auf beiden Seiten. Nicht allzu viele Menschen erreichen in ihrem Leben diesen Punkt der Reife.

Eltern sollten also mit gutem Beispiel vorangehen und zuerst lernen, angemessen mit ihrem eigenen Ärger umzugehen und auch zu akzeptieren, daß in einer Familie mit Jugendlichen Ärger und Zorn sozusagen Dauergäste sind. Anstatt unseren Kindern zu verbieten, wütend und zornig zu werden und zu heftig zu reagieren, müssen wir sie da abholen, wo sie stehen, und sie von dem Punkt aus weiterführen. Das Ziel für uns selbst und für unsere Kinder heißt: Den Ärger mit Worten ausdrücken und darüber reden.

Wie man die Leiter erklimmt

Ein paar Tage nach dem Vorfall auf dem Tennisplatz setzten wir uns zusammen und sprachen darüber, wie man mit Ärger fertigwerden kann. Wir stellten fest, wo Jonathan sich gerade befand, und halfen ihm, sich für die Zukunft ein höheres Ziel zu setzen, wenn ihn das nächste Mal die Wut überkommen sollte.

Um produktiv mit Ärger umzugehen, kann es hilfreich sein, wenn Sie dieses Modell der Stufen des Umgangs mit Zorn mit Ihrem Kind besprechen. Dazu eignet sich am besten eine ruhige Stunde. Sprechen Sie miteinander über typische Verhaltensweisen und solche, die sich als besser erwiesen haben. Vielleicht sagt Ihr Sohn/Ihre Tochter: „Okay, momentan bin ich wohl so etwa auf Stufe 4. Vielleicht kann ich ja noch eine nach oben kommen."

Die beste Gelegenheit, dieses Thema praktisch werden zu lassen, ist dann, wenn Ihr Kind gerade auf jemanden wütend ist, allerdings sollten das nicht Sie sein! Dann könnte ein Gespräch ungefähr so verlaufen:

Hartmut: „Ich bin so wütend auf Susanne. Sie hat mir versprochen, mit mir zur Schulfete zu gehen, und jetzt will sie nicht. Sie geht jetzt lieber mit diesem Hohlkopf, mit dem Jens!"

Mutter/Vater: „Na, daß dich das getroffen hat, kann ich gut verstehen. Wenn mir das passiert wäre, würde ich mich sehr verletzt und im Stich gelassen fühlen."

Wenn Jugendliche wütend sind und außer sich geraten, müssen wir sie einfach reden lassen, ohne sie zu belehren, wie schlecht es ist, jemanden zu hassen oder Ärger so unkontrolliert herauszulassen. Sie brauchen jemanden, der ihnen zuhört, und nicht jemanden, der alle Probleme für sie löst. Nachdem sich der Sturm gelegt hat, können wir ihnen helfen, Wege zu finden, wie sie nun mit Wut und Ärger am besten umgehen.

Das heißt nicht, daß es in Ordnung ist, wenn Jugendliche ständig ihre gesammelte Wut in die Gegend schleudern oder – schlimmer – an anderen abreagieren. Aber wenn wir versuchen, jede Aufwallung von Ärger sofort zu ahnden und jedes falsche Wort zu korrigieren, werden wir früher oder später feststellen, daß unsere Kinder auf Durchzug geschaltet haben oder uns eben gar nichts mehr erzählen. Wir wollen ihnen schließlich helfen, auf gesunde Art und Weise mit ihrem Ärger fertig zu werden, nicht, ihn zu begraben oder zu verleugnen.

Um es zusammenzufassen:

Abgebrochene Brücken – egal, wer sie abgebrochen hat, ob Vater, Mutter, Jugendlicher, ein Wutanfall oder ein „Nein“ von seiten der Eltern – brauchen sich nicht zu einer Katastrophe auszuwachsen. Man kann die Brücke wieder aufbauen – heute – , und Sie können den Anfang machen. Sie können damit beginnen, zu vergeben und eigene Fehler zuzugeben. Sie können über den Graben springen und auf die Seite Ihres Kindes gelangen, indem Sie beispielsweise etwas zusammen unternehmen oder einen Brief schreiben oder Ihrem Kind ganz einfach inneren Freiraum gewähren. Sie können mit Geduld auf die Gefühle Ihres Teenagers achten und der Rolle des alles kontrollierenden Verantwortungsträgers widerstehen. Nichts – sei es unbedeutend oder sehr schwerwiegend – ist so wichtig wie die Beziehung zu Ihrem Kind. Um es noch einmal zu sagen: Fragen Sie sich: „Wird dieses Problem in zehn Jahren noch aktuell sein? Wird die Beziehung zu meinem Sohn/meiner Tochter dann wichtig sein?“ Die Antwort liegt auf der Hand und kann Ihnen helfen, eine realistische Perspektive wiederzugewinnen.

Übung 5

Abgebrochene Verbindungen wiederherstellen

1. Erinnern Sie sich an eine Situation, bei der Sie die Brücke zu Ihrem Kind zerstört haben. Hätten Sie damals auch anders reagieren können?

2. Üben Sie in dieser Woche, Ihre Gefühle auszudrücken:
„Ich möchte dir sagen, wie es mir geht, wie ich mich fühle, wenn ...“
(Ich bin ... frustriert, wütend, glücklich, traurig ...)
Und wie sieht's bei dir aus?

3. Sprechen Sie miteinander über Möglichkeiten, mit Wut, Zorn und Ärger umzugehen.

4. Nehmen Sie sich vor, gemeinsam daran zu arbeiten, bessere Formen des Umgangs mit Zorn zu erreichen. Wie könnte das konkret aussehen?

Kapitel 7

Kapitulation vor dem Chaos?

Alles ist grau, total grau in grau!“ klagte Monika. „Als die Kinder noch kleiner waren, war richtig richtig, und falsch war falsch. Schwarz war schwarz und weiß weiß. Als sie Teenager wurden, verwandelte sich die ganze Welt in Grau, und ich war nur noch damit beschäftigt, Entscheidungen zu treffen – und die meisten davon spielten sich in dieser Grauzone ab. Wie wichtig war es eigentlich, was meine Kinder anzogen, wie sie ihre Haare zurechtmachten und wie ihre Zimmer aussahen? War es wirklich falsch, in einem nahezu unbegehbaren chaotischen Zimmer zu hausen? Schließlich steht nirgends geschrieben: ‚Du sollst keine zerrissenen Jeans tragen‘, oder: ‚Du sollst deine Sachen nicht auf dem Fußboden herumliegen lassen‘, oder: ‚Du sollst nicht zu dieser Fete gehen‘.“

Können Sie diesen Seufzer verstehen? Es gibt so viele Bereiche, bei denen die Meinungen auseinandergehen, und wir können nicht aus allem eine Staatsaktion machen. Wir werden nicht in jeder Schlacht siegen, darum müssen wir auswählen, welche Kämpfe es wert sind, daß wir sie kämpfen.

Wichtiges und weniger Wichtiges

Wenn Sie Ihre jugendlichen Sprößlinge fragen würden: „Welche fünf Dinge sind deiner Meinung nach für deine Eltern am wichtigsten?“ – wie würde die Antwort lauten? Würde das, was Ihre Kinder nennen, tatsächlich mit Ihrer eigenen Prioritätenliste übereinstimmen? Oder haben Sie Nebensächliches überbewertet?

In jeder Familie wird diese Liste von wichtigen und weniger wichtigen Dingen etwas anders aussehen. Es geht nicht darum, deckungsgleiche Prioritätenlisten vorzuweisen, sondern darum, daß Sie sich als Familie klarmachen, worauf Sie am meisten Wert legen.

Die Hauptanliegen in unserer Familie sind die ethischen Wertvorstellungen unserer Kinder, ihre Ansichten, ihre Beziehung zu

Gott, Aufrichtigkeit und die Beziehungen zu ihren Freunden (sind unsere Kinder in der Lage, nicht alles mitzumachen, was die anderen tun?). Trotz dieser klaren Prioritäten hörten unsere Jungen, als sie ins Teenageralter kamen, uns fast täglich über Klamotten, unaufgeräumte Zimmer, Musik, Frisuren und das ewige Thema Ordnung lamentieren.

Es ist ja nicht so, daß diese zweitrangigen Dinge völlig unwichtig wären und man daran nicht arbeiten müßte, aber zweitrangige Fragen können zu erstrangigen Kommunikationskillern werden. Wenn Sie die Teenagerjahre Ihrer Kinder nicht nur gerade eben so überleben wollen, müssen Sie den wichtigen und den weniger wichtigen Dingen ihren angemessenen Stellenwert einräumen. Sie müssen bereit sein, in den Bereichen Zugeständnisse zu machen, in denen es nicht um zentrale ethische Werte geht. Geht es um etwas, was nach biblischen Maßstäben keine Ausnahme verträgt, z.B. Unehrlichkeit oder sexuelle Experimente? Ist es wirklich eine ethische Grundsatzfrage oder lediglich eine Ansichtssache?

Um besser zu erkennen, womit wir es jeweils zu tun hatten, war uns die folgende Übung eine Hilfe (vgl. Abbildung S. 100). Sie können diese Tabelle leicht auf Ihre Situation übertragen. Tragen Sie ein, welche Fragen bei Ihnen gewöhnlich Meinungsverschiedenheiten und Probleme hervorrufen, und wie Sie die Bedeutung dieser Fragen einschätzen.

Wenn wir sehr rasch eine Entscheidung treffen müssen, bringen wir das Problem schnell auf den Punkt mit der Frage: „Ist es eine ethische Grundsatzfrage?“

Sex vor der Ehe ist für uns eine solche Frage, und darüber kann es keine Diskussionen geben. Die Ablehnung langer Haare für Jungen dagegen ist eine Frage der Ansichten und Vorlieben der Eltern. Über lange Haare kann man diskutieren und möglicherweise zu einem Kompromiß gelangen.

Wir haben es als gewinnbringend empfunden, Meinungsverschiedenheiten mit unseren heranwachsenden Kindern anhand der folgenden vier Schritte zu diskutieren:

1. Geben Sie Ihrem Kind Gelegenheit, deutlich zu sagen, was er oder sie will.

Sohn: Ich möchte für die Fußballsaison lange Haare haben. Alle anderen in der Mannschaft haben lange Haare.

2. Machen Sie deutlich, was Sie möchten.
Claudia und Dave: Wir wollen, daß unser Sohn ordentlich aussieht. Wir möchten, daß er einen vernünftigen Haarschnitt hat, wenn er sich um einen Studienplatz oder eine Stelle bewirbt.

3. Sammeln Sie mehrere Alternativen, wie man vorgehen kann, nachdem Sie die Punkte 1 und 2 diskutiert haben (sie dürfen ruhig phantasie- und humorvoll sein).
a) die Haare wachsen lassen
b) die Haare bleiben kurz
c) in der Fußballsaison eine Perücke tragen
d)

4. Finden Sie einen Kompromiß.
Unser Sohn darf die Haare wachsen lassen, aber sie müssen immer sauber und gepflegt sein. Er wird sich einen „vernünftigen“ Haarschnitt zulegen, wenn er sich für eine Bewerbung vorstellen muß.

Wenn Sie in Ihrer Familie Schiedsrichter spielen müssen, klammern Sie sich nicht an Ihren Tabus fest, und lassen Sie „Kompromiß“ nicht zu einem gefürchteten Wort in Ihrem Haus werden. Räumen Sie dem wirklich Wichtigen Priorität ein und lassen Sie Zweitrangiges auch zweitrangig sein.

Im folgenden wollen wir einige Bereiche genauer ansehen, die wir als zweitrangig einstufen, die aber häufig genug ein Tauziehen zwischen Eltern und Jugendlichen verursachen.

Zimmer oder Höhle?

Hören wir da vielleicht eine Menge Stoßseufzer? Gibt es wirklich Kinder, die mit einem angeborenen Ordnungssinn zur Welt kommen? Viele Eltern werden sich eher mit folgendem Klagelied einer Mutter identifizieren können: „Ich habe wirklich alles versucht, von der Bestrafung bis zur Bestechung, aber das Zimmer meines Sohnes sieht immer noch so aus, daß sich selbst einer ehrenwerten Ratte der Magen umdrehen würde.“

Was kann man da machen? Fangen Sie einfach damit an, sich selbst zu fragen: „Ist der Zustand im Zimmer meines Kindes von entscheidender Bedeutung oder ist er zweitrangig?“

Übung 6

Wichtiges und Zweitwichtiges

So können Sie diese Prinzipien leicht für sich übertragen: 1. Was ist das zur Debatte stehende Problem?	„Chaotische" Zimmereinrichtung des Sohnes	Tochter schwänzt Schule und erwartet, daß ich ihr eine Entschuldigung schreibe.
2. Ist es Geschmackssache (abhängig von meinen persönlichen Empfindungen, Vorlieben und Einstellungen)? – Man kann über die Sache verhandeln.	- Es widerspricht meiner Vorstellung von Ordnung. - Ich könnte darin nicht leben. → Verhandelbar	
3. Geht es um eine vorgefaßte Meinung (aufgrund von Erziehung, Vorurteilen oder Ansichten einer bestimmten Gruppierung)? – Man kann darüber verhandeln.	- Es wäre mir peinlich, wenn Fremde das Zimmer sehen würden. - Ich durfte das früher auch nicht bestimmen. → verhandelbar	
4. Geht es um eine Grundüberzeugung (orientiert an biblischen Maßstäben, an Wort und Leben Jesu)? – Oberste Priorität. Hier sind keine Kompromisse möglich.	Nein ↓ Eine Lösung aushandeln.	

Wir fanden, daß das Wort: „Sorgt dafür, daß alles anständig und ordentlich vor sich geht" (1. Korinther 14,40) auch den Bereich der „Höhle" mit einschließt, die Jugendliche „mein Zimmer" nennen. So beschlossen wir, dem Problem mit den folgenden fünf Schritten zu Leibe zu rücken, die auch in gewisser Weise Erfolg hatten.

Tips zum Ausprobieren

1. Belohnung und „Bestechung"

Machen Sie Zugeständnisse an Ihr Kind davon abhängig, ob sein/ihr Zimmer aufgeräumt ist. Das funktioniert eine Zeitlang, aber es erfordert auch von Ihnen eine ziemliche Disziplin, denn was nicht kontrolliert wird, wird auch nichts gemacht.

Eine Mutter sagte zu ihrer zwölfjährigen Tochter, die sich sehnlichst Kontaktlinsen wünschte: „Wenn du einen Monat lang Ordnung in deinem Zimmer hältst, hast du damit bewiesen, daß du verantwortlich mit einer Sache umgehen kannst und alt genug bist für Kontaktlinsen."

Wenn Sie die Befürchtung haben, Sie würden Ihr Kind bestechen, denken Sie an die Auszeichnungen und kleinen Zugeständnisse, die Lehrer Schülern zukommen lassen, die sich im Unterricht anstrengen. Man nennt das dort „positive Verstärkung".

2. Humor

Hier müssen Sie erfinderisch sein. Wir hatten z.B. immer wieder kleine Kommentare neben dem Telefon liegen, ohne das die meisten Jugendlichen ja kaum auskommen können. Ich bin zwar kein besonders großer Dichter, aber ich versuchte mich in Originalität:

Amtliche Mitteilung!

Wegen unüberwindlicher Wäscheberge in Zimmer 2 im ersten Stock (das Zimmer meines Sohnes) mußte heute die Leitung vorübergehend gekappt werden! Nach Beseitigung der Störungsquelle benachrichtigen Sie bitte die Störungsstelle. Wir werden die Leitung dann unverzüglich wiederherstellen.

Ihre Kinder werden Sie vielleicht wegen solcher Aktionen aufziehen, aber meistens haben sie auch ihren Spaß daran. Probieren Sie es aus!

3. Verhandeln
Eine Freundin von uns fragte ihren Sohn: „Martin, was können wir anders machen, damit du dich in deinem Zimmer wohler fühlst?"

Da Martin seinen Schreibtisch nicht mochte (der zu den übrigen Möbeln im Zimmer genau paßte), machte er seine Schularbeiten auf dem Bett, was immer eine immense Unordnung zur Folge hatte. Das erste, was er sich wünschte, war eine Art Zeichentisch zum Arbeiten. Mit dieser einen Veränderung änderte sich auch seine Arbeitsweise – schließlich ist es an einem harten Schreibtisch nicht so einfach, einzuschlafen, wie auf dem Bett! Außerdem wurden ein paar zusätzliche Böden im Schrank angebracht, so daß es Platz gab für Wanderschuhe, Schlafsack und andere Camping- und Sportutensilien. Mit diesen veränderten Bedingungen schafft der Junge es viel besser, in seinem Zimmer Ordnung zu halten.

4. Wenn gar nichts hilft – machen Sie die Tür hinter sich zu!
Manchmal ist dies die beste Methode, es sei denn, wir wollten ein aufgeräumtes Zimmer zur obersten Priorität erheben – was nur in einem zermürbenden Nervenkrieg enden kann.

Trösten Sie sich: Alle Eltern erleben solche „Tage der geschlossenen Tür".

Eine andere Sicht der Dinge

Eine Mutter fragte ihre Tochter, wie sie das Problem mit dem unaufgeräumten Zimmer sähe, weil sie gern ihre Sicht der Dinge verstehen wollte.

Mutter: „Wie würdest du dein Zimmer beschreiben?"

Tochter: „Aber, Mama, ich habe meine Sachen doch vom Fußboden aufgesammelt."

Mutter: „Und wie gefällt dir dein Zimmer?"

Tochter: „Es ist cool! Phantastisch!"

Mutter: „Ich meine, den Zustand darin. Wie du aufräumst und so . . ."

Tochter: „Oh, es ist ein ziemliches Chaos. Aber das macht es doch gerade so cool und phantastisch!"

Noch eine Beschreibung einer Jugendlichen über den Idealzustand ihres Zimmers: „Es ist ein Raum, der dir ganz allein gehört – wo du die Tür hinter dir zumachst und allein bist mit deinen Gedanken. Manchmal sind meine Gedanken ein ziemliches Durcheinander, und dann sieht mein Zimmer auch so aus. Manchmal habe ich auch mein Bett nicht gemacht. Weil ich es nämlich so gemütlich finde, mich zwischen Decken und Kissen zu kuscheln und Schularbeiten zu machen und dabei Salzstangen zu knabbern."

Verschiedene Perspektiven

Es ist offensichtlich, daß Eltern und Jugendliche Zimmer mit unterschiedlichen Augen ansehen. Wenn es Ihnen wichtig ist, ein vorzeigbares Heim zu haben, dann könnte Ihnen vielleicht folgender Rat helfen. Kleine Kinder finden es toll, wenn die Eltern das Kinderzimmer neu gestalten – mit einer lustigen Tapete und bunten Vorhängen oder ähnlichem. Auch ein zehn- oder elfjähriges Kind gestaltet noch gern zusammen mit den Eltern das eigene Zimmer neu. Darum ist jetzt die ideale Zeit, das Zimmer Ihres Sohnes oder Ihrer Tochter neu herzurichten. Wenn Sie warten, bis die Teenagerzeit anfängt, müssen Sie dabei schon viel eher eine andere Perspektive gelten lassen.

Eine Mutter schrieb uns: „Unser Sohn hat sich entschlossen, sein Zimmer in einem Stil zu gestalten, den man nur als „Frühe Groteske" bezeichnen kann. Das Zimmer hat jetzt rote Wände, einen roten Teppich, schwarze Vorhänge und ein falsches Bärenfell als Bettdecke. Man stößt an diverse Mobiles; unmögliche Poster grinsen von den Wänden – wir erlauben alles, was ihm gefällt. Und wissen Sie, warum? Es ist sein Zimmer, und er muß darin leben. Wir haben gemerkt, daß er fast ebenso oft Freunde bei sich hat, wie er weggeht, weil der Raum ihm gehört. Und das bedeutet für uns, daß wir uns weniger Sorgen zu machen brauchen. Ich habe zufällig gehört, wie einer seiner Freunde sagte: ‚Mann, deine Eltern sind spitze! Ich wünschte, meine Eltern würden mir auch erlauben, mein Zimmer selbst neu zu machen!' Wenn Sie nur ein wenig nachgeben, erhalten Sie viel zurück!"

Nicht jeder Jugendliche traut es sich zu, sein Zimmer allein zu renovieren. Eine Mutter sagte zu ihrer dreizehnjährigen Tochter, sie dürfe ihr Zimmer in jeder x-beliebigen Farbe und Stilrichtung herrichten, solange die Kosten dafür einen bestimmten Betrag nicht überschritten. Das Mädchen lief von einem Geschäft zum anderen, konnte sich jedoch nicht entscheiden, was sie auswählen sollte. Schließlich bat sie ihre Mutter, ihr zu helfen.

Ein gepflegtes Äußeres

Wie schaffen es Eltern, Sohn oder Tochter in einem bestimmten Alter zu motivieren, sich die Haare zu kämmen, die Zähne zu putzen und halbwegs regelmäßig zu duschen? Eine Antwort lautet: Haben Sie Geduld! Vielleicht sind es nur noch ein paar Wochen, bis Ihr Teenager an nichts anderes mehr zu denken scheint als an die Dinge, zu denen er im Moment kaum zu bewegen ist.

Eine Freundin erzählte: „Ich kann es noch kaum glauben! Noch vor einem halben Jahr brach jedesmal fast ein Krieg aus, wenn ich meine Tochter dazu bringen wollte, sich die Haare zu waschen. Sie schien nicht einmal zu bemerken, daß sie so fettig waren, daß der Kragen davon schon beinahe Spuren zeigte.

Jetzt ist sie das ganze Gegenteil! Gestern abend hat sie sich die Haare gewaschen und auf Lockenwickler gerollt. Heute morgen versuchte sie, mit der nassen Haarbürste einige Wellen wieder herauszubürsten. Schließlich kam der Lockenstab dran, und es wurden neue Locken gelegt! Ich bin mir im Moment nicht sicher, was besser ist: die ungewaschenen Haare oder diese neue Manie! Wenigstens konnte ich früher hin und wieder auch einmal das Badezimmer benutzen!"

Ein häufiger Streitpunkt zwischen Eltern und ihren Töchtern ist das Make-up. Häufig sehen Mädchen in der Vorpubertät Make-up als ein Zeichen von Erwachsensein an. Sie handhaben Lidschatten und Wimperntusche, als wollten sie zum Karneval. Das liegt oftmals sicher an einem Mangel an Übung, manchmal geschieht es aber auch ganz bewußt. Gibt es in Ihrer Familie ein paar Orientierungshilfen in dieser Frage?

Eine Mutter in der Elterngruppe erzählte dazu folgendes: „Als meine Töchter elf und zwölf waren, interessierten sie sich sehr für Make-up. Mir erschien das ein bißchen früh, aber um die Sache nicht zu einer Staatsaktion werden zu lassen, erklärte ich mich bereit, ihnen zu zeigen, wie man damit umgeht und wie man ein möglichst natürliches Aussehen damit zuwege bringt. Und wenn sie ein wenig Lidschatten geschickt aufgetragen hatten, ließ ich sie meine Anerkennung spüren. – Aber es dauerte gar nicht lange, bis sie das Interesse daran verloren. Jetzt wo meine Töchter älter sind, bin ich es, die manchmal fragt, ob sie nicht ein wenig Rouge auflegen wollen."

Seinen Töchtern schon recht früh zu zeigen, wie man Make-up benutzt, hat oftmals den Nebeneffekt, daß später Probleme in dieser Sache erst gar nicht auftauchen. Falls Sie selbst kaum Make-up benutzen, könnten Sie gemeinsam mit Ihrer Tochter überlegen, was zu Ihrem jeweiligen Typ paßt. Jede Kosmetikerin wird Sie auch gern beraten, wie ein Make-up aussieht, das speziell auf Ihren Hauttyp, Ihre Haarfarbe etc. abgestimmt ist. Und sicher wird sie auch Ihrer Tochter zeigen, wie man ein Make-up auflegt.

Die „neueste Mode" – ein rotes Tuch für Eltern?

Haben Sie auch in der Schule Sweatshirts mit den Namen Ihrer Lieblingspopgruppe oder Ihres Fußballclubs, Tennisstars oder sonst einem angebeteten Idol getragen? Meist waren die nicht sehr schön, aber sie wurden heiß und innig geliebt, weil sie signalisierten, zu welcher Gruppe man gehörte. Oder trugen Sie knallenge Jeans oder neonfarbene Mini-Röcke? Schlaghosen oder Netzhemden? Sind die Modeerscheinungen heutzutage wirklich so viel schlechter als die früherer Generationen?

In der jüngeren Vergangenheit präsentierten sich in unserer Nachbarschaft Jugendliche mit folgendem „Outfit":

1. Kleidung in allen Farbtönen von Dunkelgrau bis Schwarz.
2. Pseudo-Tätowierungen
3. Punk-Frisuren in allen erdenklichen Farben und Formen
5. Zerrissene Jeans mit ausgefransten, abgeschnittenen Beinen
6. T-shirts mit abgeschnittenen Ärmeln und Saum
7. Mehrfach-Ohrringe in nur einem Ohr
8. Nasenringe
9. Dicke Stiefel selbst im Hochsommer

Sie können die Liste sicher beliebig fortsetzen. Oft finden Eltern die Modeerscheinungen ihrer eigenen Jugend viel „vernünftiger" und akzeptabler als das, was die Kids gerade wollen.

Aber die Maßstäbe haben sich hier in den letzten Jahren sicher stärker angeglichen, als das noch in unserer Jugend der Fall war. Dennoch gibt es wahrscheinlich in jeder Familie mit Jugendlichen immer wieder Debatten zum Thema „Outfit".

Die Eltern eines Mädchens erlaubten ihrer Tochter auf Grund ihrer religiösen Überzeugungen nicht, ihre Haare kurz schneiden zu lassen. Sie durfte auch keine langen Hosen tragen. Was tat dieses Mädchen? Jeden Morgen ging sie, nachdem sie das Elternhaus verlassen hatte, zuerst zu ihrer Freundin und vertauschte den Rock mit einer Jeans, die sie bei ihr deponiert hatte. Und jede Woche schnitt sie sich heimlich ein paar Löckchen ab, bis ganz allmählich ihre Haare kürzer und kürzer wurden.

Dagegen die Methode einer Freundin: „Solange Ihr Kind nicht ausflippt oder Anzeichen zeigt, unter die Räder zu kommen, lassen Sie ihn/sie selbst wählen. Sie werden zwar Fehler machen, aber wenigstens können sie dann nicht behaupten: ‚Meine Eltern haben mich gezwungen, diesen Plunder anzuziehen.'"

Ich bin nicht sicher, ob jeder so weit gehen würde, aber von einem sind wir überzeugt: Wenn Sie der Kleidung und der Frisur Ihres Kindes nicht übermäßig viel Gewicht beimessen, wird auch Ihr Kind eher geneigt sein, in den wirklich entscheidenden Bereichen auf Sie zu hören und nach Ihrer Meinung zu fragen.

Eine Freundin erzählte uns, daß ihre Tochter zwischen zwölf und fünfzehn ihre gesamte Kleidung in einem Second-Hand-Laden kaufte, weil sie dort den ausgeflippten Stil fand, der genau ihrem Geschmack entsprach. Eines Tages begleitete Melanie ihre Mutter zu einem besonderen Essen in ein exklusives Restaurant. Alle anderen anwesenden Mütter und ihre Töchter waren äußerst konventionell gekleidet.

„Die einzige Möglichkeit, Melanies Erscheinung zu beschreiben, ist: Sie sah in dieser Umgebung aus wie von einem anderen Planeten!" sagte ihre Mutter. Und hat es sie gestört? Würde es Sie stören?

„Ja, es hat mich gestört", gab unsere Freundin zu. Aber bei ehrlichem Nachfragen, warum sie so außer sich war, mußte sie zugeben: „Es geht um meinen Stolz. Ich bin beunruhigt von der Sorge, die seit ewigen Zeiten Eltern umtreibt: Was werden die Leute von meiner Tochter denken?"

Aber die eigentliche Frage hätte eher lauten müssen: Ist es eine ethische Grundsatzfrage? „Nein, das ist es nicht!" entschied unsere Freundin.

Diese Richtschnur funktioniert in den meisten Fällen, allerdings läßt sie sich dann nicht anwenden, wenn die Kleidung des Teenagers ein wirkliches Problem für die Umwelt darstellt. Susanne hatte eine solche Erfahrung hinter sich. Sie berichtete in der Elterngruppe davon. Ihre Tochter Karin begann etwa mit elf Jahren, sich für ihre Kleidung zu interessieren. Ihr Geschmack ließ allerdings noch einiges zu wünschen übrig, so war Susanne unentwegt damit beschäftigt, ihr Ratschläge zu geben, welche Bluse oder welchen Pullover sie zu welchem Rock oder welcher Hose anziehen sollte, damit beides zusammenpaßte.

Eines Tages explodierte Karin: „Jetzt reicht's mir mit deinem ständigen Gerede. Ich ziehe an, was ich will!"

Völlig frustriert gab Susanne nach. Ihre Tochter ging zur Schule – mit zerzausten Haaren, in Sachen, die nicht gebügelt waren und überhaupt nicht zusammenpaßten. Susanne biß sich auf die Lippen und ließ ihre Tochter ziehen. Nach zwei Wochen rief Karins Lehrerin an und bat um ein Gespräch, in dem sie Susanne eröffnete, daß Karin sich durch ihre Kleidung in den Augen der anderen Schüler unmöglich machte.

Das gab den Ausschlag. Susanne sagte zu ihrer Tochter: „Von jetzt an darfst du nur dann bestimmen, was du anziehst, wenn ich merke, daß du dir Mühe gibst, dich vernünftig zu kleiden."

Die weiteren Maßnahmen sahen so aus: „Zuerst ließ ich Karin die Haare kurz schneiden. Bei dieser Frisur konnte man nicht viel falsch machen; man mußte sie lediglich kämmen! Sie durfte selbst aussuchen, was sie anziehen wollte, aber ich warf einen Blick darauf, bevor sie zur Schule ging. Ich erklärte mich bereit, ein weiteres Jahr lang ihre Sachen zu bügeln, jedoch mußte sie ab und zu auch mal ein Teil bügeln und nach Ablauf des Jahres alle ihre Sachen. Nach drei Jahren ist dies noch immer ein Thema, aber Karin hat sich schwer gebessert. Eine Modeschöpferin wird sie zwar nie werden, aber so allmählich lernt sie es, sich ansprechend und geschmackvoll zu kleiden."

Musik: Bach oder Techno?

Musik ist ein weiterer Dauerbrenner unter den potentiellen Konfliktthemen zwischen Eltern und Jugendlichen. Das Spektrum der Meinungsverschiedenheiten ist breit: Es reicht von einfachen Geschmacksfragen (für manche Eltern ist Hard Rock einfach akustisch unerträglich – wie umgekehrt vielleicht ein klassisches Klavierkonzert für Jugendliche nichts als Langeweile bedeutet) über Anfragen an den tieferen Einfluß bestimmter Musikstile auf die Gefühls- und Gedankenwelt unserer Kinder bis zu tatsächlicher Gefährdung durch Musikstile, die nachweislich stark mit dem Konsum von bestimmten Drogen gekoppelt sind.

Vielleicht ist Musik in Ihrer Familie gar kein Thema. Für die Eltern, für die es das doch ist, seien hier ein paar Erfahrungen zu diesem Thema angeführt.

Als die Kinder eines befreundeten Ehepaars sich den Teenagerjahren näherten, zeigte es sich, daß ihre hoffnungsvollen Sprößlinge an ganz anderer Musik Gefallen fanden, als es den Eltern lieb war. So begannen sie, Eltern, die bereits ältere Kinder hatten, über die Musikszene zu befragen. Ein Tip zwischendurch: Übersehen Sie niemals den potentiellen Schatz, der sich Ihnen in den Informationen und Erfahrungen von Eltern bietet, die auf dieser Straße bereits ein paar Jahre länger unterwegs sind als Sie selbst.

Nachdem auf diese Weise einige Informationen gesammelt worden waren, stellten sie ein paar Richtlinien für die ersten Teenagerjahre auf. Als die Kinder älter und verantwortungsbewußter wurden, erhielten sie mehr Freiheit in diesem Bereich. Diese Regeln (für das Alter elf bis dreizehn Jahre) sahen so aus:

1. Vor der Schule nur gemeinsam ausgewählte Musik.
2. Vor dem Schlafengehen ebenfalls keine „harten" Musikstile, nur gemeinsam ausgewählte Musik.
3. Nach der Schule keine Musik, bis die Schularbeiten fertig sind oder mindestens eine Stunde dabei zugebracht wurde.
4. Sonntags keine „harte Musik", nur gemeinsam ausgewählte Musik.

Mit diesen Regeln funktionierte es die meiste Zeit. „Wir machten sogar mit einem unserer Söhne einen richtigen Vertrag aus", berichteten sie. „ Es war ihm eine Hilfe, die Regeln schwarz auf weiß zu sehen, und es verlieh der ganzen Sache Nachdruck."

„Musikvertrag" zwischen Martin und seinen Eltern

Hiermit erkläre ich mich mit folgenden Regeln einverstanden:

1. Vor der Schule höre ich nur Musik, die wir gemeinsam ausgewählt haben.
2. Nach der Schule mache ich erst eine Stunde lang Hausaufgaben. Dann kann ich die Musik hören, die ich will.
3. Nach 20 Uhr höre ich nur gemeinsam ausgewählte Musik.
4. Wenn mein Bruder schon schläft, nehme ich Kopfhörer.
5. Um 21.30 Uhr ist Schluß.
6. Sonntags keine harte Musik; sondern gemeinsam ausgewählte Musik.

Wenn ich mich nicht daran halte, passiert folgendes:

Erster Verstoß:
Ich darf einen Tag lang überhaupt keine Musik hören.

Zweiter Verstoß:
Ich darf zwei Tage lang keine Musik hören.

Dritter Verstoß:
Ich darf vier Tage lang keine Musik hören.

Datum:

Unterschrift:

Eine Einschränkung
Dieses Verfahren hat bei unseren Freunden ganz gut funktioniert. Das heißt nicht, daß es überall klappt. Ein Vater, der das las, entgegnete, die Antwort seines Sohnes wäre gewesen: „Papa, du kannst mich meinetwegen mit einer CD von Cliff Richard nerven, aber verlange von mir nicht, daß ich so etwas unterschreibe!" Bei älteren Jugendlichen kann man sicher nicht mehr so verfahren. Aber für Kinder, die gerade anfangen, sich in der Welt der Musik und der damit ausgedrückten Gruppenzugehörigkeit zurechtzufinden, ist es hilfreich, wenn sie merken, daß hier nicht nur die Schulkameraden den Ton angeben, sondern auch die Familie Maßstäbe setzt, mit denen sie sich auseinandersetzen müssen – und die sie sich vielleicht sogar zu eigen machen können.

Vor allem: Zeigen Sie Interesse!
Im Laufe der Jahre befaßten wir uns mit den unterschiedlichen Musikgruppen, die unsere Kinder sich anhörten. Dabei war für uns nicht das entscheidende Kriterium: „Ist das eine christliche Gruppe?" Wir sind überzeugt: Jugendlichen nur „christliche" Musik zu erlauben, wäre ebenso unsinnig, wie wenn wir selbst die Augen vor jeder Art von Lektüre, Kunst oder sonstigen geistigen Leistung verschließen würden, die von Nichtchristen stammt.

Dabei verlieren wir allerdings nicht aus dem Blick, daß es Gruppen gibt, die erklärtermaßen okkult sind und in ihren Texten religiöse Werte verunglimpfen. Und die Techno-Szene, in der Musikkonsum häufig mit dem Genuß von Drogen einhergeht, bietet heute eigene Gefahren.

Da wohl kaum ein Jugendlicher ohne weiteres bereit ist, es zu akzeptieren, wenn die Eltern sagen, eine Gruppe sei schädlich, fragten wir unsere Kinder und deren Freunde. Sie meinten: „Warum hört ihr euch unsere Musik nicht auch mal an? Dann kann man zusammen fragen: Was sagt der Text aus? Das gilt aber nicht nur für Rockmusik oder Techno oder Heavy Metal. Vielleicht finden Erwachsene Countrymusik stimmungsvoller, aber die Texte sind manchmal auch ganz schön unmoralisch. Und die Musikshows im Fernsehen könnt ihr gleichfalls einmal unter die Lupe nehmen."

Als unser Sohn fünfzehn war und es sich gezeigt hatte, daß er in der Lage war, selbst seine Musik auszusuchen, ließen wir ihn völlig frei entscheiden. Hat er uns enttäuscht? Nein, im Gegenteil: Er wurde in seiner Wahl noch kritischer. Der andere Sohn, der mit dreizehn noch feste Regeln im Umgang mit Musik brauchte, hatte mit fünfzehn einen sehr sicheren Geschmack.

Von Zeit zu Zeit setzten wir uns mit unseren Kindern zusammen, hörten uns die Musik an und unterhielten uns über den Text. Dies erwies sich als eine gute Kommunikationsschiene. Indem wir über die Message der Texte sprachen, kam manches gute Gespräch auch darüber hinaus zustande.

Es geht uns nicht darum zu betonen, daß Jugendliche schon selbst wissen müßten, was sie hören wollen, und daß man sich niemals näher mit diesem Bereich zu befassen brauchte. Wir möchten aber weitergeben, womit wir selbst gute Erfahrungen gemacht haben: Indem wir in diesem Bereich zu Zugeständnissen bereit waren, haben wir einen lebbaren Kompromiß gefunden, Auseinandersetzungen vermieden und sogar eine Menge Gewinn daraus gezogen. Wir haben unseren Kindern Platten und CDs von christlichen Musikgruppen gekauft, aber wir haben auch gestattet, daß sie andere Musik hören, und uns dafür interessiert.

In diesem Bereich ein klein wenig nachzugeben, kann dazu beitragen, offene Rebellion auf anderen Gebieten wie etwa Drogen oder Sex zu verhindern. Die meisten Jugendlichen haben den starken Wunsch, mehr und mehr selbst über ihr Leben zu bestimmen. Manchmal nehmen wir ihnen diese Selbstbestimmung, vielleicht gerade dann, wenn sie sich am stärksten danach sehnen. Seien Sie also nicht zu streng mit ihren Teenagern!

Die Sache mit den zwei Ohrringen

Julia kam von der Klassenfahrt zurück und hatte zwei Ohrringe im Ohr. Ihre Eltern waren außer sich, schockiert und verletzt, daß ihre Vierzehnjährige so etwas tat, ohne sie vorher um Erlaubnis zu fragen. Was würden ihre Freunde von ihrer Tochter denken, die bis zu diesem Zeitpunkt in ihrer äußeren Erscheinung eher konventionell gewesen war?

Nach dem großen Krach stellten die Eltern Julia vor die Wahl: Entweder die zweiten Löcher in den Ohren verschwanden wieder, oder sie durfte den eigenen Telefonanschluß nicht mehr benutzen. Mit einem überlegenen Lächeln verabschiedete Julia sich von ihrem Telefon!

Und Julias Mutter litt anscheinend mehr unter den Konsequenzen als sie selbst: „Nicht allein, daß Julia diese zwei Ohrringe immer noch im Ohr hat – ich kann jetzt auch noch meine Zeit damit zubringen, ihre Anrufe entgegenzunehmen und ständig die Treppe hinaufzurufen. Sie kann mich nämlich nicht hören, weil sie ihre Tür zu hat und das Radio auf volle Lautstärke läuft. Ich frage mich selbst, wer mehr gestraft ist, sie oder ich? Sind es zwei kleine Löcher in ihren Ohren wert, daß unsere Beziehung in eine solche Krise gerät?"

Viele Male ertappen wir uns als Eltern dabei, daß wir wegen einer relativen Kleinigkeit übertrieben „ausrasten". Bevor uns klar wird, was eigentlich passiert ist, befinden wir uns mitten in einem Kampf, von dem wir wünschten, wir hätten uns gar nicht hineinziehen lassen. Noch einmal: Wir sollten uns Zeit nehmen, uns selbst zu fragen: „Handelt es sich hier um eine Grundsatzfrage von oberster Priorität?" Und nur, wenn das der Fall ist, dann sollte sie auch so behandelt werden.

Was heißt das für Sie?

Nehmen Sie sich Zeit für Übung 7. Es ist gut und schön, zu lesen, wie sich andere in ähnlichen Situationen verhalten haben, aber die letztendliche Entscheidung, welche Bereiche Ihnen wichtig und welche weniger wichtig sind, müssen Sie selbst treffen. Machen Sie sich diese Entscheidung nicht zu leicht. Vielleicht möchten Sie sich in dieser Frage auch als Ehepaar miteinander abstimmen – schließlich müssen Sie ja einen gemeinsamen Kurs gegenüber Ihren Kindern steuern. Aber warten Sie damit nicht, bis das Problem ins Haus steht. Wenn Sie das tun, ist die Chance groß, daß Sie zunächst von Ihren Emotionen mitgerissen werden und keinen klaren Kopf behalten können.

Eltern müssen irgendwie mit ihren zwischen Kindheit und Erwachsensein jonglierenden Kindern zurechtkommen, die mit radikalen körperlichen Veränderungen zu tun haben, die ihre Identität noch nicht gefunden haben und an Minderwertigkeitskomplexen leiden; die meinen, genauso sein zu müssen wie alle anderen und deren Gefühlsleben einer Berg-und-Tal-Bahn gleicht. Nehmen Sie dazu noch das Bemühen, in einer pluralistischen und konsumorientierten Umgebung einen eigenen Weg zu finden und nach christlichen Maßstäben zu leben, und Sie merken, daß unsere Jugendlichen wahrlich nicht darauf warten, daß wir wegen geringfügiger Dinge ein Theater aufführen. Was wirklich zählt, ist, daß sie ihren eigenen Glaubensstandpunkt finden und in der Lage sind, sich nicht um jeden Preis dem Gruppenzwang anzupassen. Sparen wir uns unsere Kräfte für die wirklich wichtigen Kämpfe auf – sie kommen bestimmt.

Übung 7

Wie man mit zweitrangigen Problemen umgeht

1. Führen Sie fünf Bereiche auf, von denen Sie den Eindruck haben, sie seien nicht von existentieller Bedeutung (oder sollten es nicht sein):
   1.
   2.
   3.
   4.
   5.

2. Erinnern Sie sich an eine Situation, wo Sie wegen einer geringfügigen Sache ein großes Aufheben gemacht haben? Was war das?

3. Welcher eher zweitrangige Bereich verursacht im Moment in Ihrer Familie Spannungen?

4. Was können Sie tun, um in dieser Woche Reibereien in diesem Bereich zu verhindern? Zum Beispiel: Wenn es sich um das Zimmer Ihres Sohnes/Ihrer Tochter handelt: Einfach die Tür zumachen.

Kapitel 8

Wofür lohnt sich eine Auseinandersetzung?

Wünsche kontra Ziele

Wie oft setzen Eltern Ziele für ihre Kinder? Das beginnt häufig schon in dem Moment, wenn wir unser neugeborenes Kind das erste Mal im Arm halten und uns fragen: „Wie wird wohl das Leben dieses winzigen Geschöpfs aussehen?" Solche Gedanken kommen ganz spontan, aber meist formen sich in den Vorstellungen der Eltern dabei schon sehr konkrete Ziele für ihre Kinder.

Ist es überhaupt realistisch, für einen anderen Menschen Ziele zu setzen? Ein Ziel muß etwas sein, das allein Sie erreichen können. Sie können sich zum Beispiel vornehmen, jeden Morgen um sechs Uhr aufzustehen. Es liegt dann an Ihnen, aus dem Bett zu kommen, und wenn es Ihnen auch noch so schwerfällt – Sie können es schaffen. Wenn Sie aber von Ihrem Sohn oder Ihrer Tochter verlangen, um sechs Uhr morgens aufzustehen, sieht die Sache ganz anders aus!

Es wäre weitaus vernünftiger, davon zu sprechen, welche Wünsche wir für unsere Kinder haben und was wir gern in ihrem Leben verwirklicht sehen möchten. Denn Ziele zu setzen ist eine ganz persönliche Angelegenheit. Das einzige, was wir wirklich verändern können, ist unser eigenes Denken und Handeln.

Wie können wir dann überhaupt das Leben unserer heranwachsenden Kinder beeinflussen? In diesem Kapitel wollen wir uns mit drei Bereichen befassen, denen nach unserer Ansicht höchste Priorität zukommt:

- den Beziehungen unserer Kinder zu Gleichaltrigen, Schulkameraden und den Gruppen, in denen sie sich bewegen;
- ihren Beziehungen zu anderen Menschen überhaupt, z. B. Lehrer, Freunde, Verwandte;
- ihrer Beziehung zu Gott.

In jedem dieser Bereiche werden wir Situationen beschreiben, mit denen sich Eltern häufig konfrontiert sehen, und einige Wege aufzeigen, mit diesen Problemen fertigzuwerden. Wir bieten keine Patentlösungen an, wollen jedoch Anstöße weitergeben, die Sie, wie wir hoffen, ermutigen, sich auf die wesentlichen Fragen in der Beziehung zu Ihren Kindern zu konzentrieren.

Jugendliche und ihre Altersgruppe

Viele Teenager werden zustimmen, daß sie ihre härtesten Kämpfe dann fechten, wenn es darum geht, in ihrer Gruppe nicht alles mitzumachen. Eines der sieben Ziele, die Jugendliche instinktiv für sich selbst setzen, lautet: „Soziale Fähigkeiten ausbauen, indem man lernt, Freunde zu finden und Freundschaften zu erhalten." Welcher Jugendliche möchte schon von seinen Altersgenossen abgeschrieben sein? Oder welcher Jugendliche will „anders" sein? Teenager möchten am liebsten spiegelgleiche Kopien voneinander sein, in Ausdrucksweise, Kleidungsstil und Geschmack, z. B. bei der Musik.

„Der Drang unserer Kinder, so zu sein wie alle anderen, verstärkt sich gewöhnlich in der Vorpubertät und in den ersten Teenagerjahren. Diese Empfänglichkeit gegenüber dem Gruppenzwang erreicht ungefähr in der Mitte der Pubertät ihren Höhepunkt und nimmt dann langsam ab. Das kann zwar bedeuten, daß der Einfluß der Gleichaltrigen auch negativ sein kann, aber der Prozeß, der dahintersteht, ist vollkommen natürlich und schöpfungsgemäß. Unsere Jugendlichen sind deshalb so anfällig für den Einfluß ihrer Freunde, weil sie sich in dem Prozeß der Abnabelung von uns befinden und es lernen, sich selbst eine Meinung zu bilden. In gewisser Weise tauschen sie die Abhängigkeit von den Eltern gegen die Abhängigkeit von einer Gruppe aus, um auf ihrem Weg zu verantwortlicher Selbständigkeit voranzukommen."[1]

Psychologen versichern uns, dies sei normal – und vorübergehend. Aber in Zeiten, in denen es den Anschein hat, als sei dies der alles beherrschende Einfluß im Leben eines Kindes, kann es uns schon sehr beunruhigen. Stellen Sie sich folgende Situationen vor:

Gruppendruck in Freundschaften zwischen Jungen und Mädchen

In den letzten Jahrzehnten haben die Werte und Verhaltensvorstellungen im Bereich von Liebe und Partnerschaft einen grundlegenden Wandel durchgemacht. Was die Medienwelt uns in dieser Hinsicht als „Normalität" präsentiert – und von vielen sicher auch als Normalität empfunden wird –, prägt natürlich auch die Vorstellungen unserer Kinder. Unter Jugendlichen wird dieser scheinbar selbstverständlich vorausgesetzte Werte- und Verhaltenskodex oftmals noch von seiten der Gleichaltrigen aktualisiert und forciert. Der Gruppendruck von seiten Gleichaltriger, sich gerade in dieser Hinsicht nicht als Außenseiter(in) zu erweisen, ist enorm. Vielen Jugendlichen gilt es als fast selbstverständlich, daß Pärchen auch miteinander geschlafen haben. Es erfordert schon eine Menge Klarheit über die eigenen Werte, wenn Jugendliche sich nicht diesem anscheinend selbstverständlichen Trend anpassen wollen.

Wie können Eltern ihrem Kind helfen, das sich einem solchen Druck in seiner Gruppe oder Clique ausgesetzt sieht? Wie können wir unsere Kinder schon vor der Pubertät darauf vorbereiten, was da auf sie wartet?

Auf alle Fälle gilt: Verschließen Sie nicht die Augen vor dem Problem. Reden sie mit Ihren Kindern über diese Fragen. Stärken Sie ihnen den Rücken. Bücher können eine gute Hilfe sein.[2] Lesen Sie gemeinsam mit Ihrem Kind eines oder mehrere Bücher zu der Frage, wie man zu seinen eigenen Überzeugungen und Werten steht, über Freundschaft, Sexualität und Selbstbestimmung – und sprechen Sie miteinander darüber.

Teenager können den Druck von seiten ihrer Altersgenossen viel besser überleben, wenn sie wissen, was sie glauben, und vorher entschieden haben, wie weit sie gehen wollen. Und doch – auch mit dieser Vorbereitung werden sie noch manchmal ausrutschen. Wenn wir uns als Eltern auf das Wesentliche konzentrieren wollen, müssen wir uns auch immer wieder klarmachen, daß wir für die Zukunft bauen und nicht schon heute Perfektion erwarten.

Meinungsdruck

Robert kam aus der Schule und mußte erst mal „Dampf ablassen": „Mann, bin ich k. o.! Ich habe mich mit Tim in der Wolle gehabt, ob die Bibel mit dem Schöpfungsbericht recht hat, und hinterher stand ich ganz schön blöd da! Ich glaube immer noch, daß ich recht habe, aber ich vermute, man kann die Bibel hier einfach nicht verteidigen!"

Wer wird schon gern zum Gespött gemacht oder als Außenseiter hingestellt? Unsere heranwachsenden Kinder werden bald genug mit Situationen wie dieser konfrontiert werden oder mit Sätzen wie: „Du glaubst doch nicht wirklich an die Bibel? Das weiß doch jeder, daß sie lauter Widersprüche hat!"

„Christsein ist doch heute nicht mehr modern!" „Es gibt keine absoluten Maßstäbe. Tu einfach, was dir Spaß macht." Wie können wir unseren Kindern helfen, solchen Argumenten zu begegnen?

Zunächst ist es wichtig, daß wir uns in solchen Auseinandersetzungen hinter sie stellen und ihnen Raum geben, Fragen zu stellen und selbst nach einer Antwort zu suchen. Dazu gibt es auch ganz praktische Hilfen. Hier ein paar Beispiele, was Roberts Eltern unternahmen, um ihrem Sohn den Rücken zu stärken:

1. Sie vereinbarten mit dem Pastor ihrer Gemeinde ein Gespräch mit Robert. So hatte ihr Sohn die Chance, das Gespräch mit seinem Freund noch einmal durchzugehen und zu hören, was aus der Sicht des Glaubens dazu gesagt werden kann.
2. Sie boten Robert an, er könne seine Freunde zu einer Gesprächsrunde nach Hause einladen.
3. Gemeinsam mit ihm gingen sie dem Thema „Wissenschaft und Bibel" nach, wenn sich eine Gelegenheit bot, etwa durch Vorträge, Dia-Shows oder Fernsehsendungen, und sprachen anschließend darüber.

Und welchen Erfolg hatte das? Ein paar Monate später fand in etwa folgendes Gespräch zwischen Robert und seiner Mutter statt:

„Mama, du wirst es nicht glauben! Neulich auf der Skifreizeit hatten wir abends mal ein phantastisches Gespräch, ob man an die Bibel glauben kann. Am Schluß hat Tim gesagt: ‚Mensch, ich muß zugeben: deine Argumente sind genauso gut wie meine!'"

Drei Jahre später fand Robert den Mut, in einer Vorlesung vor zweihundert Mitstudenten eine kritische Frage bezüglich desselben Themas an den Dozenten zu richten. Der Professor war davon so beeindruckt, daß er Robert nach der Vorlesung ansprach und sich anerkennend über seine Fragen äußerte.

Es gibt unzählige Themen, bei denen Jugendliche dem Meinungsdruck durch Gleichaltrige ausgesetzt sind. Wir sind es, die unseren Kindern helfen können, sich mit den betreffenden Fragen auseinanderzusetzen und eine eigene Position zu finden. Manchmal werden sie offen sein für unsere Erklärungen; ein anderes Mal müssen wir sie vielleicht an Außenstehende verweisen oder Information aus anderen Quellen beschaffen.

Alkohol

„Es wird überhaupt niemand kommen!" beschwerte sich Nadine bei ihrer Mutter. „Die Fete wird ein einziger Reinfall. Und überhaupt: wenn sie wissen, daß ich nichts zu trinken hier habe, bringen sie sich selbst was mit."

Alle Eltern stehen irgendwann einmal vor der Frage, ob und in welchem Rahmen sie bei den Feiern ihrer Kinder Alkohol anbieten oder gestatten sollen. In Nadines Fall ließ ihre Mutter sich von ihrer Entscheidung nicht abbringen, aber sie erlaubte ihrer vierzehnjährigen Tochter, die Feier zu veranstalten. Sie besorgte alle Einkäufe und besorgte auch alkoholfreies Bier.

„O nein . . .!" stöhnte Nadine, als ihre Mutter ihr die Flaschen zeigte. „Dann kannst du ja gleich Malzbier nehmen!"

An dem Abend der Fete bezog Nadines Vater neben dem Eingang zum Haus Stellung. Als der erste Gast, eine kleine Kühltasche unter dem Arm, herannahte, fragte der Vater: „Na, mein Lieber, was hast du denn da in der Tasche? Kann ich mal reingucken?"

„Ooch . . . nur ein bißchen Eis und Sprudel."

„Du kannst ganz beruhigt sein, wir haben jede Menge von dem Zeugs im Haus. Laß doch die Sachen im Auto."

Dieses Spielchen wiederholte sich noch etliche Male.

Am nächsten Tag machte Nadine ihren Eltern heftige Vorwürfe: „Die Fete war ein einziger Reinfall! Wie konntet ihr mir so was antun?"

Nadines Eltern setzten sich zusammen und sprachen über das Party-Fiasko. Die erste Bestandsaufnahme lautete:

1. Unsere Tochter haßt uns und ist bei ihren Freunden „unten durch".
2. Wir haben drei komplette Kisten alkoholfreies Bier im Keller.
3. Wir haben verhindert, daß die Party zum Besäufnis wurde.

Zum guten Schluß: Nadines Vater war übersät von Mückenstichen.

Aber was wäre geschehen, wenn sie Alkohol einfach gestattet hätten? Lieber nicht dran denken, sagten sich die Eltern und waren sich einig, daß sie dafür diese Art von Fiasko jederzeit wieder auf sich nehmen würden. Nur die Sache mit dem alkoholfreien Bier bedauerte Nadines Mutter. „Sie wissen ja doch gleich, daß man ihnen damit etwas vormachen will", sagte sie. „Dann schon lieber ganz klar: Kein Alkohol!"

Ein Jahr später war die mißglückte Fete beinahe vergessen. Nadine hatte immer noch viele Freunde, aber sie hatte andere Möglichkeiten entdeckt, etwas mit ihnen zu unternehmen. Ihre Eltern unterstützen sie dabei nach Möglichkeit. Sie darf Freunde übers Wochenende nach Hause oder in das kleine Wochenendhaus der Familie einladen. Kürzlich fuhr Nadines Vater sie und elf Freunde von ihr mit einem Kleinbus zu einem christlichen Jugendkongreß.

Was können Eltern dem Gruppendruck zum Alkoholkonsum entgegensetzen? Zuallererst können wir in dieser Sache Stellung beziehen, wie Nadines Eltern es taten.

Sie sagten später, sie hätten zehn Tage harter Arbeit dieser Party vorgezogen, aber die Erfahrung trug mit dazu bei, ihre Tochter in eine andere Richtung zu führen.

Zweitens können wir uns darüber informieren, wie die Feten aussehen sollen, zu denen unsere Kinder eingeladen werden. Als unsere Jungen am Anfang der Pubertät waren, riefen wir jeweils die betreffenden Eltern an, bevor wir unseren Söhnen erlaubten, zu der Party zu gehen. „Ist jemand dabei, der einen Blick auf die Kids hat?" fragten wir jedesmal. „Gibt es Alkohol?"

Wenn eine Mutter sagte: „Nein, nein, ich bin dann nicht zu Hause!", ließen wir unsere Kinder nicht hingehen. Wir haben zu vieles über Partys gehört, die nur unter der Voraussetzung veranstaltet wurden, daß die Eltern an dem Abend ausgehen oder möglichst noch über Nacht wegbleiben.

Drittens können Sie versuchen, evtl. in Zusammenarbeit mit den Lehrern Ihrer Kinder, über Alkoholkonsum aufzuklären oder sich selbst zusammen mit Ihrem Kind in einer Anti-Alkohol-Kampagne zu engagieren.

Eine Mutter berichtete, daß ihr Sohn und einige Freunde beschlossen hatten, etwas gegen das offensichtliche Alkoholproblem an ihrer Schule zu tun. Sie hatten etwas von einem „Abstinenzler-Club" gehört, der zwar nicht mehr aktiv war, aber einen positiven Einfluß ausgeübt hatte, und beschlossen, diesen Club wieder aufleben zu lassen. Ihr Sportlehrer erklärte sich bereit, dem Club finanziell unter die Arme zu greifen. Er und die Jungen besuchten einige Kurse und luden Fachleute zu Vorträgen in die Schule ein. Schon bald zählte der Club dreißig Mitglieder.

Ein Projekt, das der Club unterstützen wollte, war eine Schülerfete, an der sich niemand gedrängt fühlen sollte, Alkohol trinken zu müssen. Ein paar Wochen vor dem geplanten Termin stellten sie vor der Schule ein demoliertes Auto ab mit der Parole: „Denk nach – am besten vor dem ersten Schluck!"

In manchen Familien treffen Jugendliche mit ihren Eltern ein regelrechtes Abkommen, in jedem Fall zu Hause anzurufen, wenn sie in die Lage kommen, keine sichere Heimfahrmöglichkeit zu haben. Die Eltern versprechen, sie jederzeit abzuholen und die Angelegenheit gegebenenfalls später zu besprechen.

Eine solche Übereinkunft kann Vertrauen zwischen Eltern und Jugendlichen schaffen. Der Jugendliche weiß: Meine Eltern werden nicht ausrasten oder überreagieren. Die Eltern wissen: Ihr Sohn/ihre Tochter wird nicht in ein Auto mit einem alkoholisierten Fahrer am Steuer einsteigen, auch dann nicht, wenn er/sie selbst etwas getrunken hat. Beide Parteien wissen, daß man die ganze Sache, falls es problematisch wird, zu einem geeigneten Zeitpunkt ansprechen und eine Lösung finden wird.

Drogen

Als ein Beispiel für viele möchten wir die Geschichte eines Bekannten berichten. Eines Nachmittags erhielt er einen Anruf aus der Ambulanz des örtlichen Krankenhauses. „Ihr Sohn ist gerade eingeliefert worden, er hat eine Überdosis Drogen genommen. Können Sie sofort kommen?" sagte die Stimme am anderen Ende der Leitung.

Der Vater, der durch seinen Therapeutenberuf viel mit Jugendlichen zu tun hatte, hatte sich schon seit längerer Zeit um seinen mittleren Sohn Sorgen gemacht, als nämlich dessen Zensuren in der Schule auffällig nachzulassen begannen. Erst vor kurzem war ihm der Verdacht gekommen, sein Sohn könne möglicherweise Drogen nehmen. „Warum habe ich ihn bloß nicht zur Rede gestellt?" fragte er sich, während er zum Krankenhaus fuhr. In diesem Fall konnten ihm die Ärzte zum Glück bald versichern, daß es seinem Sohn gut ging.

Als er später dem Jungen gegenüberstand, sagte der: „Mann, Papa, das ist das Schlimmste, was ich dir und Mama angetan habe. Aber ich bin froh, daß es passiert ist. Ich werde es bestimmt nicht noch einmal machen."

Aber auch mit diesem Versprechen im Hintergrund wäre es naiv zu glauben, die nächsten Monate seien für diese Eltern einfach gewesen. Von Berufs wegen wußte der Vater nur zu gut, wie viele Jugendliche so etwas wieder und wieder versprechen und schließlich doch in der Sucht landen. Sie hätten sich nun mit Vorwürfen quälen und nach Ursachen forschen können. Aber was sie uns schließlich sagten, erschien uns als wertvoller Rat für viele Eltern.

„In unserer Arbeit haben wir eines gelernt: Man kann nicht die Verantwortung für die Entscheidungen anderer Leute übernehmen. Unser Sohn ist derjenige, der beschloß, es mit Drogen zu probieren, nicht wir. Wir bemühten uns, nicht in der Vergangenheit herumzuwühlen und uns nur noch um die Frage zu drehen: ‚Wie konnte das passieren?' Statt dessen schauten wir nach vorn und überlegten: Wie können wir ihm helfen, da wieder herauszukommen?

Als er aus dem Krankenhaus nach Hause kam, taten wir alles, was in unserer Macht stand, sein Umfeld zu strukturieren. Wir stellten Regeln auf, und er mußte sich an diese Regeln halten. Wir sind die Eltern, und wir bestanden auf unserer Autorität. Weil wir nicht die Schuld für seine unklugen Entscheidungen auf uns nahmen, waren wir auch nicht durch Schuldgefühle gelähmt oder durch das Empfinden, versagt zu haben. Wir waren frei, ihm zu helfen."

Unterstützt durch fachkundige Hilfe gelang es diesem Jugendlichen, sein Versprechen zu halten. Seine Zensuren verbesserten sich wieder, er machte sein Abitur, und mit seinem Studium an der Universität geht es momentan gut voran.

Ganz gleich, wie aussichtslos die Situation erscheinen mag – Eltern müssen sich auf die Zukunft konzentrieren, so wie es dieses Elternpaar tat, und nicht auf die Vergangenheit. Die richtige Frage lautet: „Wie soll es jetzt weitergehen?", und nicht: „Wie konnte das nur passieren??"

Drogen sind nicht lediglich ein Modetick, der schon bald wieder „out“ ist oder durch gesetzliche Maßnahmen erfolgreich kontrolliert werden könnte. Das Drogenproblem hat sich in den letzten Jahren beständig verschärft. Allein die Menge an beschlagnahmten Rauschgiften hat in Deutschland in den letzten fünf Jahren kontinuierlich zugenommen und inzwischen erschreckende Ausmaße angenommen. Dazu kommt, daß die Einstiegswege in die Sucht immer schwerer zu durchschauen sind. Kluge Eltern sorgen hier vor und beschaffen sich die notwendigen Informationen.

Art Linkletter, dessen jüngste Tochter starb, als sie nach einem LSD-Trip aus dem Fenster sprang, gibt folgenden Rat:

„Sie können Ihre Kinder nicht rund um die Uhr bewachen. Sie können versuchen, eine Beziehung zu Ihrem Kind aufzubauen, die eine schützende Mauer zwischen ihm und der Bedrohung durch Drogen aufrichtet. Ich sage nicht, daß Ihnen das immer gelingen wird. Sie mögen vielleicht trotz der größten Anstrengungen versagen. Aber Sie werden wissen, daß Sie es versucht haben – und glauben Sie mir, dieses Wissen an sich kann Sie davor bewahren, den Verstand zu verlieren.

Versäumen Sie es nicht, mit ihren Kindern zu reden und ihnen zuzuhören. Jugendliche sind darauf angewiesen zu wissen, daß Sie an ihnen interessiert sind, daß Sie ihnen vertrauen und das Beste von ihnen erwarten. Und geben Sie sich nicht zu früh der Überzeugung hin, daß alles in bester Ordnung ist.“

Viele Psychologen sehen mangelnde Selbstachtung als eine Ursache an, die zur Sucht führen kann. Die meisten Experten auf diesem Gebiet – auch solche, die in bezug auf Ursache und Behandlung anderer Meinung sind – stimmen darin überein, daß ein geringes Selbstwertgefühl eine entscheidende Rolle dabei spielt, ob jemand süchtig wird. Eine Möglichkeit, mit dem Empfinden der eigenen Wertlosigkeit fertigzuwerden, ist die Angewohnheit, sich in eine andere Gefühlswelt zu versetzen.[3]

Weitere Faktoren, die beim Entstehen einer Sucht eine Rolle spielen und zum Drogenmißbrauch führen können, sind:

1. Mangelnde soziale Einbindung
2. Unklare Wertvorstellungen
3. Die Unfähigkeit, Entscheidungen zu treffen
4. Die Unfähigkeit, sich Ziele zu setzen und sie zu erreichen

5. Das Fehlen eines klaren Glaubens- und Wertesystems
6. Das Fehlen von Erfolgserlebnissen in der Arbeit
7. Das Fehlen guter Vorbilder
8. Überbetonung von Materiellem – Vernachlässigung gesunder menschlicher Beziehungen

Weitere Berichte führen aus, daß das Stigma der Diagnose „Drogenabhängig“ das Selbstwertgefühl des Jugendlichen noch mehr verringert und ihn (oder sie) geradezu in Verhaltensmuster hineindrängt, die von der Gesellschaft geächtet sind. Häufig führt dieser Teufelskreis dazu, daß die Betreffenden schließlich in stationäre Behandlung eingewiesen werden müssen. Forschungen haben ergeben, daß 60–80 Prozent aller Süchtigen, die einen Entzug versucht haben, innerhalb von sechs Monaten rückfällig werden.

Anstatt sich von diesen Zahlen gänzlich handlungsunfähig machen zu lassen, ist es entscheidend, daß Eltern die Beziehung aufrechterhalten, wenn ihr Kind Drogen genommen hat.

Das kann so aussehen wie in diesem Fall: Der Vater erhielt einen Anruf von der Polizeidienststelle mit der Aufforderung, seinen unter Drogeneinfluß stehenden Sohn dort abzuholen, und man fügte hinzu: „Das ist jetzt Ihr Problem!“

„Nein, er ist nicht mein Problem!“ entgegnete der Vater. „Er ist mein Sohn, und ich liebe ihn!“ Dieser Vater war auf der richtigen Spur. Er erkannte die Probleme seines Sohnes und bemühte sich deswegen auch um fachkundige Hilfe, aber er kündigte ihm nicht seine Liebe auf.

Es gibt einige Kennzeichen, die darauf hinweisen, daß ein Jugendlicher möglicherweise Drogen nimmt:

1. Nachlassen des Appetits, speziell bei Jungen
2. Geringe Konzentrationsfähigkeit
3. Trägheit, Apathie
4. Benommenheit
5. Der Eindruck, jemand sei betrunken
6. Gedächtnislücken
7. Beeinträchtigtes Urteilsvermögen
8. Längeres Fortbleiben von zu Hause ohne plausible Erklärungen[4]

„Es ist eine gute Faustregel“, sagt Linkletter, „alarmiert zu sein, wenn sich bei jemandem eine plötzliche Veränderung zeigt, die gar nicht zu seinem/ihrem sonstigen Wesen paßt.“ Er ermutigt Eltern, den Freundeskreis ihrer Kinder kennenzulernen, in bezug auf Freundschaften zwischen Jungen und Mädchen klare Grenzen zu setzen und rechtzeitig fachliche Hilfe in Anspruch zu nehmen – bevor das eigene Kind in der Statistik der Drogenabhängigen landet.

Wenn wir unsere heranwachsenden Kinder durch all diese Auseinandersetzungen begleiten, sollten wir uns ab und zu bewußtmachen, daß dieses Problem, das heute gewaltig erscheint wie ein riesiger Baum, einmal als winziger Kern begonnen hat!

Jugendliche in ihren Beziehungen zu anderen

Jugendliche vor und in der Pubertät können gelegentlich ausgesprochen unleidlich sein, vor allem Mädchen. Sie ziehen übereinander her und verletzen einander – oft unbeabsichtigt, aber gelegentlich auch mit voller Absicht. Jugendliche müssen lernen, mit Situationen umzugehen, in denen sie selbst verletzt sind und am liebsten zurückschlagen möchten. Wenn wir unseren Kindern christliche Maßstäbe vermitteln wollen, dann müssen wir ihnen Wege zeigen, ein Wort wie das folgende auch einmal leben zu können: „Vergeltet nicht Böses mit Bösem, bleibt freundlich, auch wenn man euch beleidigt. Denkt und redet Gutes über den andern, denn ihr wißt ja, wieviel Segen Gott euch zugedacht hat“ (1. Petrus 3,9).

Es ist schon für Erwachsene schwer, sich so zu verhalten wie hier empfohlen – wieviel mehr für Jugendliche. Wenn man uns verletzt, ist unsere automatische Reaktion, zurückzuschlagen; wenn man uns beleidigt, zurückzuschimpfen. Das Leben von Jugendlichen ist voll von Gelegenheiten, das Gebot Jesu, auch die Feinde zu lieben, umzusetzen – „Feinde“ finden sich für Jugendliche genug. Aber sie brauchen dabei unsere Hilfe. Schauen wir uns folgende Situation an: Wie reagiert man, wenn die Wahrheit verdreht wird?

Janina, dreizehn, schluchzte: „Mama, sie hat gelogen! Was sie ihm über mich erzählt hat! Ich habe nicht gesagt, daß es mich nervt, wenn er anruft. Jetzt ruft er gar nicht mehr an und spricht fast nichts mit mir. Und nur, weil sie gelogen hat. Wie ich sie hasse!“

Die Mutter hörte sich Janinas Kummer an und signalisierte ihr, daß sie ihre Gefühle versteht: „Ja, ich weiß, es tut ziemlich weh, wenn eine Freundin einen im Stich läßt. Ich kann mir gut vorstellen, wie du dich fühlst.“ Nachdem sich Janina wieder beruhigt hatte und merkte, daß ihre Mutter sie verstand, war sie zugänglicher für Vorschläge.

Viel zu oft haben wir unsere Ratschläge schon parat, noch ehe unsere Kinder damit fertig sind, das Problem zu erklären. Haben Sie sich schon einmal dabei ertappt, gleich einen „frommen Spruch“ bei der Hand zu haben? So etwas wie: „Als Christen sollen wir einander lieben“, oder: „Du weißt doch, wie du dich verhalten sollst.“ Kein Wunder, wenn wir dann zur Antwort bekommen: „Du hörst mir einfach nicht zu. Du begreifst überhaupt nichts!“

Wie könnte man sinnvoller vorgehen? Der erste wichtige Schritt für Janinas Mutter war, einfach zuzuhören und die Gefühle ihrer Tochter zu verstehen. Sie ließ ihr Zeit, sich wieder zu fangen. Dann sprach sie mit Janina darüber, wie sie sich morgen in der Schule ihrer Freundin gegenüber verhalten könnte, und schlug vor, ihr etwas Nettes zu sagen. Janina war sich nicht sicher, ob sie das schaffen würde, aber sie versprach, zumindest ein Lächeln zu versuchen. Ein Lächeln ist ein Anfang, für uns alle.

Jugendliche und ihre Glaubensüberzeugungen

Wenn wir fragen würden: „Was wünschen Sie sich am meisten für Ihr Kind?“, dann hätte die Antwort möglicherweise etwas damit zu tun, wie Ihr Kind zu Gott steht. Wie können wir unseren Kindern helfen, zu einem eigenständigen, begründeten Glauben zu finden?

Als unsere Jungen in die Teenagerjahre kamen, wurde uns bald klar, daß sie außer uns noch weitere erwachsene Freunde brauchten, an denen sie ein Modell dafür hätten, wie man als Christ lebt. Wenn Sie in Ihrer Gemeinde oder Kirche eine lebendige Jugendarbeit haben oder einen christlichen Schülerkreis an der Schule, dann preisen Sie sich glücklich. Als unsere Söhne Jarrett und Joel Teenager waren, lebten wir in Österreich, wo evangelische Christen eine kleine Minderheit darstellen. Stellen wir uns folgende Situationen vor:

Situation 1: Keine christliche Jugendgruppe am Ort

„Mama, wie fändest du es, als einzige Dreizehnjährige in der Kirche zu sein, noch dazu ohne Sonntagsschule?“ beschwerte sich Jarrett eines Sonntagmorgens bei Claudia, als wir noch in Wien lebten. „Würdest du unheimlich gern zur Kirche gehen, wenn du ich wärst?“

„Nein“, gab Claudia zu, „vielleicht würde ich gar nicht mehr in die Sonntagsschule gehen“ – das war es nämlich, was unser Sohn in Erwägung zog.

Wir hätten Jarrett jetzt eine längliche Ansprache halten können, daß Gott unseren Glauben belohnt, auch wenn wir uns in der Kirche tödlich langweilen. Schließlich hatte Joseph in Ägypten auch keine gleichgesinnten Freunde. Wir beschlossen stattdessen, Jarrett dabei zu unterstützen, selbst eine Gruppe zu gründen. In Absprache mit dem Pastor starteten wir mit einer Einladung, die als „Freitags-Pfannkuchen-Treff“ bekannt wurde. Jeden zweiten Freitag im Monat durfte Jarrett seine Schulfreunde zum Pfannkuchenessen zu uns nach Hause einladen. (Als diese Treffen eine feste Institution geworden waren, wurden die Pfannkuchen oftmals durch Popcorn ersetzt. Das war nicht so klebrig und viel einfacher ...)

Wir fragten ein paar junge Erwachsene aus unserer Gemeinde, die gut mit Jugendlichen zurechtkamen, ob sie nicht reihum diese Treffen gestalten wollten. Tischtennis, Spiele, Sketche, verschiedene Videofilme und Gespräche darüber, was Gott mit der Welt eines Teenagers zu tun hat, waren Programminhalte dieser Treffen. Zugegeben, zuerst taten wir uns recht schwer mit dieser Altersgruppe. Aber indem wir uns immer wieder bewußtmachten, daß wir mit diesen Treffen eines der für uns wichtigen Ziele in die Tat umsetzten, bemühten wir uns nach Kräften, einen guten Kontakt zu den Jugendlichen aufzubauen. Jetzt, Jahre später, genießen wir es beide, wenn wir mit Jugendlichen zu tun haben.

Situation 2: Keine christlichen Schulfreunde

Haben Sie schon mal in einem Jahr zwei Geburtstagsfeiern für jedes Ihrer Kinder organisiert? Wahrscheinlich nicht. Eine Freundin von uns hat zwei Jahre lang für ihre Töchter jeweils zwei Geburtstagspartys veranstaltet. Und dieser anscheinend übertriebene Aufwand hatte einen guten Zweck.

Beide Töchter hatten Freundinnen in der Gemeinde, die eine halbe Autostunde entfernt war. Leider besuchten diese Mädchen eine andere Schule als ihre Töchter. Die einzige Zeit, wo sie zusammensein konnten, war der Sonntagmorgen.

Um diesen Kontakt ein wenig auszubauen, lud diese Mutter zu den Geburtstagen ihrer Töchter die Freundinnen aus der Gemeinde zu einer Extra-Party ein und die Schulfreundinnen an einem anderen Tag. Es war ihr die zusätzliche Arbeit und die langen Abende wert, denn ihre Töchter hatten während dieser entscheidend prägenden Jahre feste Freundschaften zu Mädchen aus christlichen Elternhäusern.

Eltern sollten besonders während der frühen Teenagerzeit darauf achten, daß ihre Kinder in einer Gruppe Gleichgesinnter integriert sind. Pflegen Sie diese Freundschaften, und betreiben Sie eine „Politik der offenen Tür“. Investieren Sie das zusätzliche Benzin, und bringen Sie Ihre Kinder zum Fußballspielen, zur Jugendband und zur Jugendgruppe. Eltern, die die Freunde ihrer Kinder kennen und gern mit ihnen zusammen sind, werden sich viel seltener mit dem Problem konfrontiert sehen, daß Clique oder Freundeskreis einen negativen Einfluß auf ihre Sprößlinge ausüben.

Vielleicht denken Sie jetzt: Schön und gut, aber für uns gibt es in erreichbarer Nähe keine Angebote für Jugendliche in der Gemeinde. Ziehen Sie sich nicht resigniert zurück. Eltern können etwas tun. Versuchen Sie doch, ob Sie nicht selbst etwas anbieten können. Vielleicht haben andere Eltern in Ihrer Nähe ja auch schon lange darauf gewartet und tun sich mit Ihnen zusammen.

Auf der anderen Seite müssen wir uns auch hin und wieder klarmachen, daß wir es nicht allein in der Hand haben, ob unsere Kinder zum Glauben finden. In diesem Bereich spielt sich eine Menge, vielleicht das Entscheidende, ohne unser Zutun ab.

Vom Manager zum Zuschauer

Wir können nach außen hin alles tun, was in unserer Macht steht, aber letztlich ist es Gott, der unsere Kinder von innen her erreichen kann. Der Weg zu einem eigenständigen Glauben ist für Jugendliche schwer, und auch für Eltern, die danebenstehen und ihre Zweifel und Fragen miterleben, ist es keine leichte Zeit. In der Elterngruppe sprach eine Mutter aus, welche Ängste sie bewegten:

„Wenn ich selbst in einem christlichen Elternhaus aufgewachsen wäre, wüßte ich jetzt vielleicht eher, was für meine Teenager ‚normal' ist in dem Prozeß, eine eigene Glaubensposition zu finden. Mein Mann und ich wurden erst mit zwanzig Christen, und es ging damals alles ziemlich schnell. Jetzt sehen wir unsere Kinder, wie sie Fragen stellen, Antworten suchen, ihre Zweifel zum Ausdruck bringen und Kommentare abgeben wie: ‚Ich habe mit dem ganzen religiösen Zeug überhaupt nichts am Hut.' ‚Ich will mein eigenes Leben leben.'

Wir beobachten, daß sich in ihnen oftmals ein regelrechter Kampf abspielt: Sie kämpfen mit allem, was die Umwelt ihnen als Wert nahelegt, und mit dem Wunsch, beliebt zu sein und akzeptiert zu werden. Für sie ist es eine Art Hochseilakt, in dem sie ständig zwischen ihrem Glauben und dem Lebensstil ihrer Altersgenossen hin- und herschwanken. Heute möchten sie am liebsten alles mitmachen, was gerade der neueste Schrei in ihrer Klasse ist, morgen schotten sie sich ab und wollen damit nichts mehr zu tun haben, weil sie es nicht mit dem vereinbaren können, was sie von uns gelernt haben. Oder noch schlimmer: sie stellen überhaupt keine Fragen mehr nach richtig und falsch, und es ist ihnen alles gleichgültig.

Eine Freundin, die gerade Anfang Zwanzig ist, versichert mir, das sei alles völlig normal. Und ich sage mir: ‚Prima – es ist alles normal!' – aber mein Magen sagt mir etwas anderes, und ich habe das Gefühl, dort sitze ein dicker Knoten, der sich jedesmal fester zusammenzieht, wenn meine Kinder wieder einmal ihre Zweifel äußern. Ich erinnere mich noch, wie mir innerlich ganz kalt wurde, als ich das erste Mal begriff, daß meine Kinder sich auch entscheiden können, sich von allem abzuwenden, was wir ihnen weitergegeben haben. Natürlich wußte ich das auch vorher, aber ich habe es bis dahin nicht gefühlt. Ich mußte einfach Gott vertrauen, auch wenn alles dagegen spricht. Ich muß das in jedem Gebiet ihres Lebens tun, aber irgendwie ist es in dieser Frage am schwierigsten."

Jeden seinen Weg finden lassen

Eine Freundin, die selbst Religionslehrerin und in diesem Fach sehr kompetent ist, hatte Probleme mit ihrer Tochter, die im Teenageralter ist. „Warum lehnt Regine es ab, mit mir über den Glauben zu reden? Ich suche immer wieder Möglichkeiten zum Gespräch, aber sie geht überhaupt nicht darauf ein. Gott, Kirche, Glauben – das interessiert sie überhaupt nicht, und ich habe das Gefühl, hier als Mutter versagt zu haben. Was habe ich falsch gemacht?"

Sollten Sie Kinder im Teenager-Alter haben, die zu ihnen kommen und sagen: „Laß uns doch mal über Gott reden!", dürfen Sie sich glücklich schätzen! Sie sind eine Ausnahmeerscheinung! Aber ist es etwa nicht Aufgabe der Eltern, ihre Kinder zum Glauben zu erziehen oder zumindest ihnen die Grundlagen des christlichen Glaubens zu vermitteln? Natürlich. Aber die Gelegenheiten zu einem solchen Gespräch zwischen Eltern und Kind werden in den Teenagerjahren unserer Kinder seltener.

Solange die Kinder kleiner waren, lasen wir ihnen biblische Geschichten vor, nahmen sie mit zum Kindergottesdienst oder Sonntagsschule, halfen ihnen, Bibelverse oder Lieder auswendig zu lernen. In den ersten Schuljahren hatten wir meist abends eine Familienandacht, in der die Kinder zu ihrem Recht kamen. Gemeinsam packten wir Pakete an Bekannte, die in der Mission arbeiteten, brachten unseren Kindern praktisch bei, wie man mit anderen teilt. Mit der Pubertät ändert sich auch hier unsere Rolle als Eltern.

In dieser Phase können wir durch unser Vorbild Maßstäbe setzen; jetzt bedeutet „erziehen", daß wir für sie beten und ihnen die Freiheit gewähren, ihre eigene Beziehung zu Gott zu finden, und von den äußeren Verhaltensweisen, die sie bisher übernommen haben, zu inneren Überzeugungen zu gelangen.

Freiheit zu wählen

Ein Jugendlicher ist nur dann fähig, sich wirklich aus freien Stücken für den Glauben zu entscheiden, wenn wir ihm/ihr diese Freiheit, selbst eine Entscheidung zu treffen, auch zugestehen. Eine Überzeugung, auch eine Glaubensüberzeugung, muß frei gewählt werden können, und zwar aus einer Vielzahl von Möglichkeiten, sagen Psychologen.

Aber was ist, wenn er oder sie die in unseren Augen falsche Entscheidung trifft? Wir sind überzeugt, das ist nicht so schlimm, als wenn er/sie niemals die Möglichkeit hatte zu wählen. Denn was würde es bedeuten, wenn Kinder das Elternhaus mit keiner anderen Ausstattung verließen als mit der Angewohnheit, sich stets nach den Normen der Eltern zu richten?

Sie betreten eine neue Welt, in der sie dem Einfluß der Eltern entzogen sind. Wenn sie jetzt nicht über fundierte eigene Überzeugungen verfügen, kann das zu Orientierungslosigkeit führen und zu noch größeren Sorgen für die Eltern, deren Kinder dieses und jenes ausprobieren oder in alle möglichen Arten moderner Zeitgeist-Philosophie hineinschnuppern. Viel besser ist es, Überzeugungen herauszubilden, wenn der Jugendliche noch zu Hause wohnt.

Von Verhaltensnormen zu Überzeugungen gelangen

In unserer Familie haben wir nach Wegen gesucht, die Verantwortung für den Weg unserer Kinder mit Gott nach und nach von unseren Schultern auf die ihren zu übertragen. Hier ein paar Schritte, wie wir das versucht haben:

Sprechen Sie über diese Aufgabe!

Als unsere Kinder elf oder zwölf Jahre alt waren, haben wir Ihnen gesagt: „Ihr werdet bald Teenager sein. Das ist eine aufregende Zeit im Leben. Es ist eine Zeit, in der ihr allmählich erwachsen werdet, eine Zeit, in der man viele Fragen hat, und eine Zeit, in der man entscheidet, wie man sein möchte und was man glauben will.

Ihr werdet manchmal Fragen stellen über Dinge, die wir euch schon mal erklärt haben, und das ist vollkommen in Ordnung. Wir möchten nicht, daß ihr an Gott glaubt, nur weil wir gesagt haben, daß ihr es tun sollt. Wir wollen auch nicht für euch entscheiden. Wir wollen euch auf dem Weg begleiten, wollen eure Fragen beantworten und euch dabei helfen, Antworten auf die Fragen zu finden, die uns jetzt unklar sind. Denkt daran: Fragen zu haben ist normal, und es ist auch gut."

Mit solchen Gesprächen beginnt der Prozeß, die Verantwortung von unseren Schultern allmählich auf die unserer Kinder zu übertragen, aber wir investieren trotzdem immer noch eine ganze Menge.

Bieten Sie gute Information an.

Solange unsere Jungen noch Freude daran hatten (so von elf bis dreizehn), gaben wir ihnen ein paar Bücher zum Lesen und einige ausgewählte Kassetten. In diesem Alter finden Kinder es noch schön, mit Vater oder Mutter hin und wieder in die Eisdiele oder in die Pizzeria zu gehen, wo man ungestörter über manches reden kann als zu Hause. (Mit vierzehn oder fünfzehn findet derselbe Junge möglicherweise, das sei eine völlig kindische Angewohnheit.)

Wir haben die Erfahrung gemacht, daß unsere Kinder in diesem Alter Bücher verschlungen haben, in denen es um bekannte Sportler, Filmstars oder andere Persönlichkeiten ging, die Christen waren und darlegten, wie ihr Glaube sich im Leben auswirkte. Jugendbücher, die die Fragen der Jugendlichen aufgreifen, waren ebenfalls beliebt. Einer unserer Kinder erklärte spontan: „Ich bin dann nicht so allein. Es gibt noch so viele andere Jugendliche und Erwachsene, die auch an Gott glauben und nicht alles mitmachen. Dann schaffe ich das auch!“[5]

Ermutigen Sie dazu, Fragen zu stellen

Ein dreizehnjähriges Mädchen, das in unsere Gemeinde kam, machte alles mit, war im Jugendkreis engagiert und vieles mehr, aber sie hatte keine eigene Beziehung zum Glauben. Einmal fragte sie ihren Vater: „Wie kann man eigentlich wissen, daß es Gott überhaupt gibt?“

„Wie kannst du nur so etwas fragen?“ entgegnete der Vater entsetzt. „Du bist in einer christlichen Familie groß geworden. Wie kannst du da fragen, ob es Gott gibt?!“

Aber diese Frage ist die grundlegendste, die Menschen jemals gestellt haben, und sie verdient, unbedingt ernstgenommen zu werden. Vergleichen Sie die Erfahrung dieser Tochter mit der, die die Tochter von Francis Schaeffer beschreibt, als sie ihrem Vater dieselbe Frage stellte.

„Ich erinnere mich noch sehr gut an die ruhige und liebevolle kameradschaftliche Atmosphäre zwischen uns, als mein Vater mir nach längerem Schweigen antwortete. ‚Susan‘, begann er, ‚das ist eine gute Frage. Ich freue mich, daß du sie gestellt hast.‘

Welche Erleichterung! Ich hatte nicht mehr dieses komische Gefühl, völlig allein dazustehen. Es war in Ordnung, Fragen zu haben! Es war wichtig für mich, selbst herauszufinden, ob das, was ich glaubte, auch wirklich stimmte.

Während wir uns an jenem Abend unterhielten, merkte ich, daß mein Vater früher dieselben Fragen gestellt und auch nach

Antworten gesucht hatte. Er öffnete mir die Türen in ein neues Abenteuer. Er sagte, ich müsse nicht mit verbundenen Augen durch die Welt gehen oder mich nur an Hoffnungen und Gefühle klammern, um an Gott glauben zu können. Und genausowenig brauche ich meinen Glauben zum Fenster hinauszuwerfen.

Wenn etwas wahr ist, erklärte er mir, kannst du es ganz genau untersuchen, darüber nachdenken, es mit anderen Glaubensüberzeugungen vergleichen, und es wird allem standhalten. Es wird sich als zuverlässig erweisen.

Ich beschloß, genau das zu tun."[6]

Und noch ein Bericht eines Jugendlichen: „Ich habe zu Hause mal ein paar Fragen gestellt, die haben meine Eltern richtig überrascht. Ich war der hartnäckige Skeptiker bei uns in der Familie. Aber meine Eltern haben mir immer Mut gemacht, Fragen zu stellen, und sie haben mir geholfen, Antworten darauf zu finden, auch dann, wenn sie sich selbst nicht kompetent fühlten. Ich habe gemerkt, daß der Glaube auch etwas mit Denken und mit Logik zu tun hat und man nicht einfach blind alles glauben muß, wie manche das sagen."

Vergessen Sie nicht: Jugendliche sind darauf angewiesen, Antworten auf ihre Fragen zu bekommen. Als Sie zur Schule gingen, war der christliche Glaube vielleicht noch Bestandteil der Erziehung. Das ist heute anders. An den meisten Schulen führt „Religion" ein Außenseiterdasein, und der grenzenlose Wertepluralismus läßt alles akzeptabel erscheinen, was Spaß macht und mir im Moment „guttut". Verbindliche ethische Normen, z. B. in Fragen der Sexualität, sind so gut wie verschwunden. Deshalb machen Sie sich klar: Wenn Sie auf die Fragen Ihrer Kinder keine Antworten geben, wird es jemand anders tun.

Was du bist, redet lauter, als was du sagst

Wenn es Ihnen ein Hauptanliegen ist, Ihren Kindern den christlichen Glauben nahezubringen, dann achten Sie darauf, daß Sie ihnen Überzeugungen weitergeben, keine Widersprüche. Lassen Sie Ihre Kinder merken, daß sich Ihr Verhalten mit Ihrem Glauben deckt. Das ist der entscheidende Beweis für Ihre Überzeugung.

Es gibt Eltern, die es nicht zugeben, wenn sie ihr Kind falsch behandelt haben. Sie sind ja die Erziehungspersonen und haben das Sagen, darum lassen sie es einfach laufen.

Wie Sie in solchen Situationen vorgehen, entscheidet darüber, ob Ihre Kinder es einmal erstrebenswert finden, sich mit diesem Glauben näher zu beschäftigen, oder nicht. Wenn Sie Ihrem Kind nicht ständig vorrechnen, wann er/sie sich zum letztenmal danebenbenommen hat, sondern ihn/sie einfach trotz allem liebhaben, wird er/sie merken, daß der Glaube, von dem Sie reden, eine Realität darstellt.

Wir haben vier Möglichkeiten herausgearbeitet, wie Sie Ihr Kind in seiner Suche nach einer eigenen Glaubensüberzeugung unterstützen können. In Kapitel 10, „Countdown zum Erwachsenwerden“, werden wir darauf zu sprechen kommen, wie man ältere Jugendliche auf dem Weg zu einem vertieften eigenen Glauben begleiten kann.

Ein abschließendes Wort

Nachdem Ihnen nun die Hürden und Hindernisse auf dem Weg Ihrer Kinder durch die Pubertät lebhaft vor Augen stehen, wäre es vielleicht gut, noch einmal auf die Übung 6 (Seite 100) zurückzukommen und das hier Gesagte auf Ihre persönliche Situation zu übertragen. All die genannten Beispiele werden nicht viel bewirken, wenn Sie nicht selbst Entscheidungen treffen, und zwar hier und jetzt und möglichst bevor die ersten ernsthaften Probleme auftreten. Überlegen Sie, was in Ihrer Familie und für Ihr Kind Priorität hat, und stimmen Sie sich in diesen Fragen auch mit Ihrem Ehepartner ab.

Und dann konzentrieren Sie sich auf diese wichtigen Dinge. Beantworten Sie die Fragen Ihrer heranwachsenden Kinder, und zwar möglichst an dem Tag, an dem sie gestellt werden. Vielleicht stellt Ihr Kind diese Fragen morgen nicht noch einmal. Ermutigen Sie Ihren Teenager zu unabhängigem Denken, und freuen Sie sich über den einzigartigen Menschen, der sich da vor Ihren Augen entfaltet. Nehmen Sie es uns ab: Sich auf das wirklich Wichtige zu konzentrieren, bewahrt nicht nur Sie davor, ein Nervenbündel zu werden, es bewahrt auch die überaus wichtige Beziehung zwischen Ihnen und Ihrem Kind.

Teil 4

Loslassen

Vorbereitung auf die Selbständigkeit

Kapitel 9

Start in die Teenagerzeit: „Projekt Zwölf-Einhalb“

Haben Sie sich schon einmal darüber Gedanken machen müssen, wie Sie sich am besten aus einem Job „herausmanövrieren“ könnten? Wenn Sie uns zustimmen, daß die wichtige Aufgabe von Eltern darin besteht, Kinder darauf vorzubereiten, einmal unabhängig zu sein, dann müssen Sie schon frühzeitig auf den „Schleudersitz“ aus dem Elternhaus hinarbeiten.

Dieses große Ereignis, einem jungen Menschen die Verantwortung für sein Leben nun ganz zu übertragen, erfordert vergleichsweise eine ebenso gründliche Vorbereitung wie etwa der Abschuß einer Rakete ins All. Es ist wichtig, daß wir uns auf die Zeit vorbereiten, wenn wir beginnen, unsere Kinder tatsächlich loszulassen. Wir müssen auch mit ihnen darüber reden: „Eines Tages werdet ihr unsere Familie verlassen und vielleicht in einer anderen Stadt arbeiten oder studieren, und unser Haus wird euch vielleicht nie wieder dasselbe bedeuten wie heute. Ihr werdet euer eigenes Leben leben.“

Die meisten Eltern, die sich Gedanken über ihre Aufgabe als Eltern machen, stehen allerdings vor dem Problem, wie sie diese bedrohlich wirkende Aufgabe bewerkstelligen sollen, und fragen sich, wie sie sich denn für den großen Tag, der einmal kommen wird, vorbereiten sollen. Häufig zieht man sich dann so aus der Affäre: beten, Daumen drücken, den Kopf einziehen und darauf hoffen, daß die Teenagerjahre möglichst schnell vorübergehen.

Ein besserer Weg scheint uns darin zu liegen, unseren Jugendlichen festen Boden unter den Füßen zu geben und von da aus den Loslösungsprozeß zu starten, damit sie erwachsen werden können. Dieser Prozeß muß allmählich verlaufen, damit die Grundsätze, die wir unseren Kindern von klein auf vermittelt haben, für den Jugendlichen zur eigenen Haltung werden können.

Der Tag kommt bestimmt

Wenn wir eine Reise in die Gedankenwelt aller Leute unternehmen könnten, die Marcel (12) kennen und sich Gedanken über die bevorstehenden Veränderungen machen, dann käme vielleicht folgendes zutage:

Marcels Mutter: „Ich weiß ja, daß er einmal ins Flegelalter kommt, aber ich will lieber nicht dran denken."

Marcels Vater: „Das wird eine ganz schöne Stange Geld kosten."

Marcels Lehrer: „Wenn wir ihn und seinesgleichen die nächsten zwei Jahre auf einer einsamen Insel deponieren könnten und sie dann wieder abholten, könnten wir alle überleben!"

Pizzeria-Besitzer: „Ohne sie komme ich finanziell nicht über die Runden!"

Marcel: „Ich kann es kaum erwarten – in drei Monaten fängt endlich mein richtiges Leben an!"

Was ist denn dieses Ereignis, das gleichzeitig unbestimmte Sorgen, dunkle Ahnungen und fieberhafte Erwartung hervorruft? Es ist die Geburt eines Teenagers! Und auch die geht nicht ohne ein gewisses Maß an Schwierigkeiten und Schmerzen ab! Eine Mutter schrieb uns: „Warum nur will meine knapp dreizehnjährige Tochter mit aller Gewalt erwachsen werden? Es sieht fast so aus, als genieße sie es, sich miserabel zu fühlen. Was soll ich machen?"

„Projekt Zwölf-Einhalb"

Ein praktisches Hilfsmittel für diesen Prozeß hat sich in unsrer Familie sehr bewährt: das „Projekt Zwölf-Einhalb". Wir kamen durch eine Freundin darauf, und nachdem wir bei unserem ältesten Sohn damit sehr gute Erfahrungen gemacht hatten, wurde es zur Familientradition, daß auch die beiden anderen ihre Teenagerzeit damit begannen. Auch in unseren Elterngruppen haben viele sich diese einfachen Erfahrungen zu eigen gemacht und so den Übergang zu den Teenagerjahren der Kinder zu einer geglückten neuen Phase im Familienleben gemacht.

Kommen wir noch einmal zurück auf Marcel und seine Familie. Wie sähe die Situation aus, wenn seine Eltern den unausweichlichen Veränderungen mit Vorfreude und einem gewissen Maß an Vorbereitung entgegensehen würden statt mit dunklen Befürchtungen? Ihre Kommentare würden dann vielleicht so klingen:

Mutter: „Ich bin schon gespannt auf Marcels dreizehnten Geburtstag. Wir wollen ihn zu einem ganz besonderen Tag machen. Es war ein schönes Stück Arbeit, ihm zu helfen, seinen Plan für das ‚Projekt Zwölf-Einhalb' aufzustellen, aber ich glaube, er wird es gut hinkriegen!"

Vater: „Marcel hat sich wirklich 'reingekniet, um dieses Projekt zuwege zu bringen. Unser gemeinsames Camping-Wochenende war ein phantastischer Startpunkt, allmählich von Mann zu Mann miteinander zu reden. Sicher wird sich jetzt manches in unserer Familie ändern, aber irgendwie sind wir ganz gespannt darauf."

Das „Projekt Zwölf-Einhalb" enthält ganz praktische Schritte zur Vorbereitung auf die Pubertätsjahre, die die Situation wesentlich verändern können. In unserer Familie hatte es zur Folge, daß unsere Jungen nicht ganz so unsicher, mit ein bißchen mehr Selbstvertrauen und ein wenig positiver in die Pubertät einstiegen. Und auch wir Eltern sahen dieser neuen Phase in unserem Familienleben wirklich erwartungs- und hoffnungsvoll entgegen anstatt mit dem Gefühl eines drohenden Verhängnisses.

Was ist das „Projekt Zwölf-Einhalb"?

Ein paar Monate vor ihrem dreizehnten Geburtstag sagten wir unseren Söhnen: „Ihr gehört jetzt bald zu den Teenagern, und wir möchten, daß ihr auf diese Zeit vorbereitet seid. Deshalb bitten wir euch, einen ‚Fahrplan' für den Start in die Pubertät aufzustellen. Darin sollt ihr bis zum dreizehnten Geburtstag bestimmte Fähigkeiten erreichen, und zwar in vier Bereichen: im Sport, im Bereich von Wissen und Verstehen, in Glaubensfragen und in praktischen Dingen. Wir möchten, daß ihr darüber nachdenkt, welche Ziele ihr euch in jedem dieser Gebiete stecken wollt und wo ihr euch verbessern könnt. Vielleicht fallen euch ein paar interessante Projekte ein, die ihr starten könnt. Wenn ihr mit euren Überlegungen fertig seid, setzen wir uns zusammen und stellen einen ‚Fahrplan' auf. Wenn ihr alle ‚Stationen' bis zu eurem dreizehnten Geburtstag erreicht, gibt es eine Überraschung."

Dieser Vorschlag vermittelte gleichzeitig noch eine andere wichtige Botschaft, nämlich: „Wir sind gespannt! Bald fängt eine ganz besondere Zeit in deinem Leben an. Du bist jetzt bald auf dem Weg zum Erwachsenwerden. Wir möchten dir dabei helfen, dich auf diese neue Phase in deinem Leben vorzubereiten, und dieses „Projekt Zwölf-Einhalb" will dir ebenfalls dabei helfen. Es geht um etwas Wichtiges! Du wirst langsam erwachsen, und wir freuen uns darauf!"

Begeisterung ist ansteckend, und wir möchten, daß unsere heranwachsenden Kinder den kommenden Jahren mit positiven Erwartungen entgegensehen. Wir möchten ihnen außerdem nicht das Geschenk vorenthalten, daß sie auf die kommenden Veränderungen vorbereitet sind.

Seien Sie mit Ihrem Kind so erfinderisch, wie Sie wollen, und gestalten sie die Ziele so individuell wie möglich, um dem Charakter Ihres Kindes und seinen ganz persönlichen Bedürfnissen gerecht zu werden. Da ist vielleicht ein Kind, das Schwierigkeiten hat, mit seinem Taschengeld zurechtzukommen. Sicher wäre es gut für ihn/sie zu lernen, wie man mit einem bestimmten Budget wirtschaftet, während ein anderes Kind bereits seit seinem sechsten Lebensjahr so etwas wie ein perfekter Buchhalter ist und beinahe mehr auf dem Sparbuch hat als Sie selbst. Ein anderes Kind muß vielleicht etwas dafür tun, seine/ihre Schwimmkünste zu verbessern, während die Schwester mit dreizehn bereits die Beste in der Schwimmannschaft war.

Vergessen Sie auch nicht, eine Aktivität unterzubringen, die die Fähigkeiten Ihres Kindes auf einem Gebiet steigert, in dem er oder sie besonders begabt ist. Nicht jeder ist ein Sportfreak wie unsere Jungen. Setzen Sie an diese Stelle die Förderung irgendeines anderen Talentes, das ihr Kind hat – musische Begabung, Redetalent, künstlerische oder schauspielerische Fähigkeiten, kreativ mit Sprache umgehen zu können und vieles mehr.

Wir fügen als Beispiel das „Projekt Zwölf-Einhalb" an, das wir mit unserem Sohn Jonathan aufstellten:

„Projekt Zwölf-Einhalb" für Jonathan

1. Ziele auf sportlichem Gebiet:
   a) 1500 m – Lauf unter acht Minuten.
   b) Ein gutes Tennismatch zu spielen: Aufschlag, Vorhand und Rückhand üben.

2. Ziele im intellektuellen Bereich:
   a) Eine Lebensbeschreibung einer großen christlichen Persönlichkeit lesen und eine Zusammenfassung darüber zu schreiben.

3. Ziele, die Glaubensfragen und Wertmaßstäbe betreffen:
   a) Überleg Dir, an welche Maßstäbe und Überzeugungen Du Dich in deiner Teenagerzeit halten willst. Lies ein Evangelium mit einem Kommentar für Jugendliche und ausgewählte Stellen aus den Sprüchen, um etwas über die biblische Sicht zu Verhaltensweisen wie Faulheit, Angeben, Mogeln und Lügen zu erfahren.
   b) Lerne Psalm 1 auswendig.

4. Ziele auf praktischem Gebiet:
   a) Verdiene dir 50 Mark. Wir geben Dir noch einmal so viel dazu, wie Du bis zu Deinem Geburtstag gespart hast.
   b) Plane und organisiere ein Camping-Wochenende mit Deinem Vater. Du hast die Hauptverantwortung.

Wir besprachen das „Projekt Zwölf-Einhalb" für jeden unserer Söhne, schrieben unsere Vorschläge auf und fragten dann unsere Söhne nach ihren Ideen. Zur endgültigen Besprechung, wie das Dokument nun letztendlich aussehen sollte, gingen wir jeweils mit dem betreffenden Jungen essen. Daß Sie Ihr Kind in dieses Projekt einbeziehen und von ihm erwarten, daran mitzuarbeiten, ist der erste wichtige Schritt auf dem Weg, ihm/ihr Verantwortung für sein/ihr eigenes Leben zu übertragen. Die verschiedenen Schritte dieses Prozesses sind in der Übung 8 aufgeführt.

Die beste Zeit, mit dem „Projekt Zwölf-Einhalb" anzufangen, ist der Beginn der Sommerferien, denn dann hat Ihr Kind Zeit, die einzelnen Aufgaben zu erledigen. Unsere zwei älteren Jungen haben im September Geburtstag, was sehr gut paßte. Jonathans Geburtstag ist im März. Mit ihm starteten wir im Sommer vor seinem dreizehnten Geburtstag.

Der Terminplan kann flexibel gestaltet werden; wichtig ist nur, daß genügend Zeit vorhanden ist. Eine Bekannte von uns fing mit der Sache zwei Wochen vor dem Geburtstag ihres Sohnes an. Die nächsten vierzehn Tage waren das reinste Chaos in ihrer Familie. So etwas kann nicht auf den letzten Drücker organisiert werden, planen Sie deshalb frühzeitig.

Wenn die 1500 m gelaufen sind, der Camping-Ausflug stattgefunden hat, der Bericht über das gelesene Buch vorliegt und alles andere ebenso fertig ist, gibt es vermutlich erst einmal einen Seufzer der Erleichterung auf beiden Seiten, bei Eltern und Kind. Und dann ist es an der Zeit, den Erfolg zu feiern. Dazu ein paar Vorschläge:

1. Der „bewährte" Teenager bekommt für seine Anstrengung ein besonderes Geschenk. Das kann eine Überraschung sein, oder aber Ihr Sohn/Ihre Tochter hat bereits zu Anfang der Aktion einen bestimmten Wunsch geäußert. Manche Kinder müssen stärker motiviert werden als andere, deshalb wäre es klug, die ganze Aktion mit einem Geschenk zu verbinden, das sie sich wirklich wünschen. Aber das Geschenk ist nicht das Entscheidende, entscheidend ist die Botschaft: „Herzlichen Glückwunsch! Du hast deine Aufgabe gut gemacht. Wir sind stolz auf dich!"
2. Es wird gefeiert, und es gibt ein besonderes Essen. Laden Sie Verwandte und Freunde dazu ein, wenn Sie mögen. Wie auch immer Sie die Feier gestalten – sorgen Sie dafür, daß Ihr Kind an diesem Tag im Mittelpunkt steht!
3. Der Teenager bekommt eine Urkunde, die er in seinem Zimmer aufhängen kann.

Das Ende ist der Anfang

Dieses „Projekt Zwölf-Einhalb" bildet die Hintergrundmusik für die kommenden Jahre. Eltern profitieren davon in zweierlei Hinsicht:

- Unser Kind hat einen positiven Start in die Pubertät.
- Das Projekt trägt dazu bei, daß die Familie sich als Team versteht, das zusammenarbeitet.

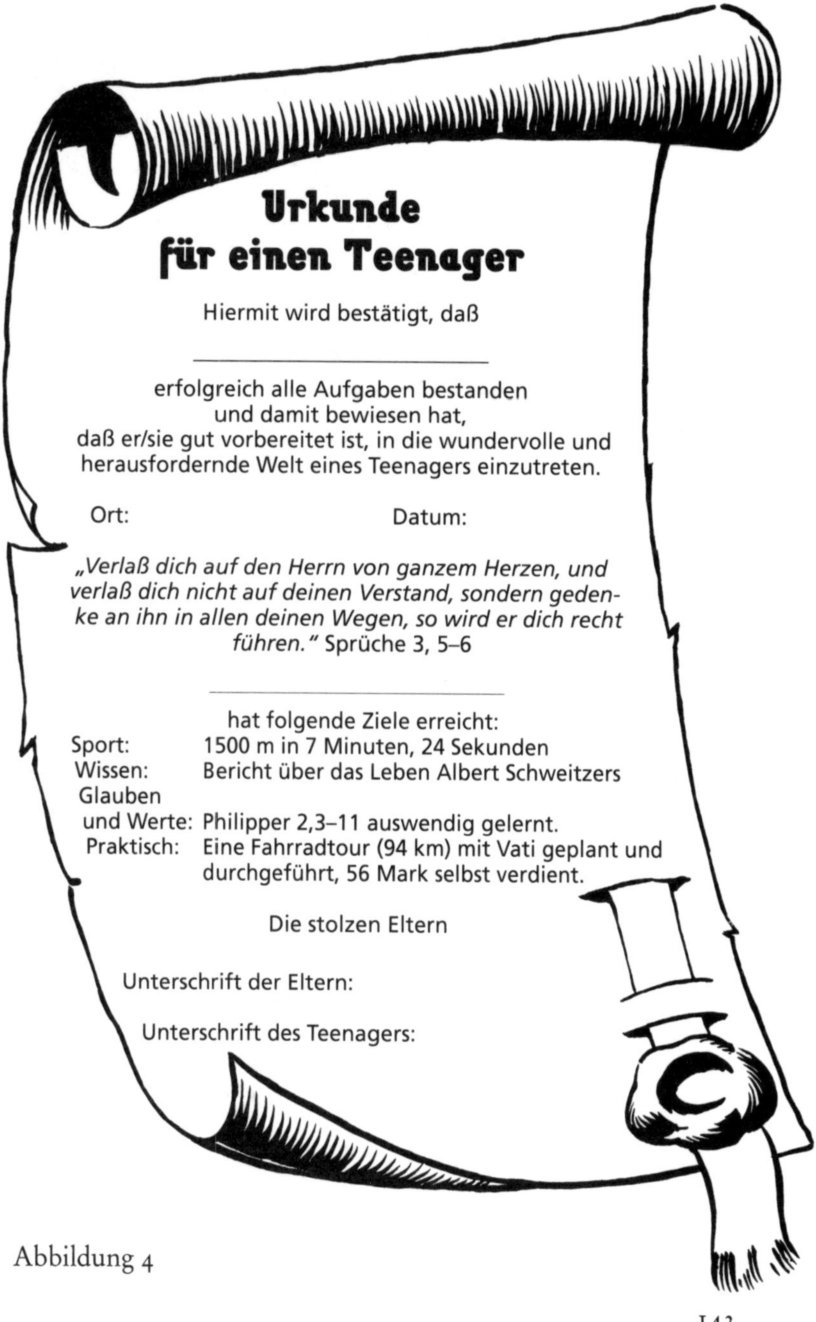

Urkunde für einen Teenager

Hiermit wird bestätigt, daß

____

erfolgreich alle Aufgaben bestanden
und damit bewiesen hat,
daß er/sie gut vorbereitet ist, in die wundervolle und herausfordernde Welt eines Teenagers einzutreten.

Ort: Datum:

„Verlaß dich auf den Herrn von ganzem Herzen, und verlaß dich nicht auf deinen Verstand, sondern gedenke an ihn in allen deinen Wegen, so wird er dich recht führen.“ Sprüche 3, 5–6

____

hat folgende Ziele erreicht:

Sport: 1500 m in 7 Minuten, 24 Sekunden
Wissen: Bericht über das Leben Albert Schweitzers
Glauben und Werte: Philipper 2,3–11 auswendig gelernt.
Praktisch: Eine Fahrradtour (94 km) mit Vati geplant und durchgeführt, 56 Mark selbst verdient.

Die stolzen Eltern

Unterschrift der Eltern:

Unterschrift des Teenagers:

Abbildung 4

Ebenso profitiert der Jugendliche:

- Er beginnt die Pubertät mit dem Gefühl, eine wichtige Etappe in seinem Leben erreicht und etwas geleistet zu haben.
- Er kann erkennen, daß auch die Eltern merken, daß er langsam erwachsen wird.
- Er kann eine freundschaftliche Beziehung zu den Eltern entwickeln und feststellen, daß sie auf seiner Seite sind.

Wenn sie sich also der bedrohlichen Phase Pubertät im Familienleben nähern, verwandeln sie die Bedrohung in eine Herausforderung und beteiligen Sie Ihr Kind daran, indem Sie seine Motivation wecken. Sowohl Sie selbst als auch ihre heranwachsenden Kinder werden in den nächsten Jahren daraus noch manchen Nutzen ziehen.

Übung 8

Den Start in die Teenagerzeit vorbereiten

1. Erklären Sie Ihrem Kind das „Projekt Zwölf-Einhalb". Vielleicht geben Sie ihm/ihr eine Fotokopie von Jonathans Zertifikat. Bitten Sie Ihren Sohn/Ihre Tochter aufzuschreiben, was er/sie gern erreichen möchte. Wenn dabei Ihre Unterstützung erbeten wird, verwenden Sie ruhig ein paar Stunden Zeit, um gemeinsam darüber zu sprechen.

2. Suchen Sie sich ein ruhiges Plätzchen, und schauen Sie sich noch einmal (eventuell mit Ihrem Ehepartner) die Liste mit den Stärken und Schwächen Ihres Kindes an (Übung 2 in Kapitel 2).

a) Führen Sie hier Bereiche auf, in denen Ihr Kind gut ist und die Sie noch verstärken möchten.

   1.
   2.
   3.
   4.
   5.

b) Führen Sie hier Bereiche auf, in denen sich Ihr Kind verbessern sollte.

   1.
   2.
   3.
   4.
   5.

3. Wählen Sie aus obigen Punkten einige aus, um das Programm daraus zu erstellen, und benennen Sie spezielle Ziele für diese Gebiete:

a) Körperlich/bzw. andere besondere Interessensgebiete:

   1.
   2.
   3.

b) Geistig:

   1.
   2.
   3.

c) Spirituell:

   1.
   2.
   3.

d) Praktisch:

   1.
   2.
   3.

4. Nehmen Sie dieses Programm noch einmal unter folgenden Aspekten unter die Lupe:
   a) Ist es durchführbar? Enthält es zu viele oder zu wenig Aufgaben?
   b) Ist es erfolgversprechend? Wird es Ihr Kind anspornen, und sind die Ziele erreichbar? Sind sie zu leicht? (Wenn letzteres der Fall ist, hat das Ganze wenig Sinn.)
   c) Kann man es überprüfen? Kann Ihr Kind selbst herausfinden, daß es die Aufgaben erfolgreich gemeistert hat? Haben Sie eine angemessene Zeit vorgesehen?
   d) Wurde klar gesagt, wie die Belohnung aussieht?

5. Nehmen Sie sich ein paar Stunden Zeit mit Ihrem Kind in einem nicht ganz alltäglichen Rahmen. Vielleicht gehen Sie mit Ihrem Kind essen. Vergleichen Sie seine/ihre Ziele und Projekte mit Ihren eigenen Vorstellungen, und suchen Sie einen Kompromiß; vielleicht müssen Sie auch auf beiden Listen einiges streichen. Aber sorgen Sie in jedem Fall dafür, daß auch Vorschläge von der Liste Ihres Kindes berücksichtigt werden. Drängen Sie ihm/ihr nicht Ihre Vorstellungen auf.

6. Sprechen Sie über den „Preis". Möchte er/sie sich lieber überraschen lassen? Oder hat er/sie einen konkreten Wunsch, etwas, was er/sie schon lange haben möchte?

7. Unterzeichnen Sie gemeinsam das Dokument. Noch einmal: Sie sollten ganz sicher sein, daß Ihr Kind jede der genannten Aufgaben akzeptiert. Wenn er/sie sich bei einer Sache eher zögerlich verhält, sprechen Sie darüber und machen Sie Zugeständnisse, bis er/sie wirklich begeistert und zufrieden ist mit dem Projekt.

Kapitel 10

Countdown zum Erwachsenwerden

Mit einem erfolgreichen Start in die Teenagerzeit ist der Countdown zum Erwachsenwerden bereits in vollem Gang. Das „Projekt Zwölf-Einhalb“, das wir im vorigen Kapitel vorstellten, hat uns bis zum dreizehnten Geburtstag unseres Kindes begleitet. Jetzt ist es Zeit für ein weiteres praktisches Instrument, mit dem Sie den Prozeß wachsender Selbständigkeit und Verantwortung Ihres Kindes begleiten können, die „Jahresbox“.

Hier ist ein Beispiel, wie dieses Instrument funktioniert. Es ist der Tag nach Thorstens dreizehntem Geburtstag. Sein Vater eröffnet ihm beim Kaffeetrinken:

„Thorsten, heute abend erwarten wir dich um 18 Uhr. Wir möchten gern mit dir essen gehen.“

Der Junge war nicht sicher, um was es eigentlich ging, aber pünktlich um 18 Uhr erschien er, gespannt auf die Dinge, die da kommen sollten. Und das war zunächst einmal ein ausgezeichnetes Steak in einem ausgezeichneten Restaurant, wie man es sich nicht alle Tage leistet.

Nach dem Essen zog Thorstens Mutter ein Päckchen aus der Tasche. Was sollte das denn? Er hatte doch gestern Geburtstag gehabt! Als Thorsten das Päckchen auspackte, kam ein geschnitztes Holzkästchen zum Vorschein. Darin befand sich eine Anzahl kleiner Kärtchen. Das war ja wirklich ein merkwürdiger Abend!

Sein Vater fing an zu erklären: „Mama und ich, wir finden es spannend, daß du jetzt bald erwachsen wirst. Nur noch sechs Jahre – dann bist du neunzehn und mit der Schule fertig und studierst vielleicht in einer anderen Stadt. Wir möchten, daß du einmal gut vorbereitet bist, eigene Entscheidungen zu treffen und dein eigenes Leben zu leben.

Deshalb wollen wir dir in den nächsten sechs Jahren helfen, selbständig zu werden. Das soll so aussehen, daß du in jedem Jahr einige neue Dinge selbst bestimmen und tun darfst und ein paar neue Aufgaben bekommst. Bis du neunzehn bist, werden wir dir an jedem Geburtstag solch ein Kästchen geben, und jedesmal sind darin Dinge, die du von jetzt an selbst entscheiden kannst, und Pflichten, von denen wir meinen, daß du in der Lage bist, im kommenden Jahr damit umzugehen. Schau sie dir einmal an, und dann sprechen wir darüber."

Thorsten zog ein paar Kärtchen aus der Holzschachtel und las:

1. Abends weggehen
Du darfst bis 22 Uhr fortbleiben, wenn
a) am nächsten Tag keine Schule ist
b) wir wissen, wo Du und mit wem Du zusammen bist und wir dem zustimmen können.
c) Die Regelung gilt für einen Abend am Wochenende. Babysitten und Familienangelegenheiten sind Ausnahmen. Ausnahmen sind auch Aktivitäten, die in der Schule stattfinden und länger als 22 Uhr dauern.

2. Telefonieren
Du kannst einen eigenen Apparat in Deinem Zimmer haben. Aber denk daran, daß auch noch andere in der Familie ab und zu telefonieren wollen!

3. Partys
Du kannst eine große Fete veranstalten und Deine Freunde einladen. Bedingung: Wir sind an dem Tag zu Hause.

4. Dein Zimmer
Du bist für den Zustand Deines Zimmers verantwortlich: Bett machen, Staub wischen, Teppich saugen, Kleidung wegräumen.

5. Kleidung
Wir zeigen Dir, wie man die Wäsche wäscht, wie der Trockner funktioniert und wie man bügelt. Eine neue Wäschebox für die schmutzige Wäsche findest du in deinem Zimmer.

6. Geld
Du kannst Dir jetzt Dein Geld für bestimmte notwendige Dinge allein einteilen: für Schulhefte etc., Eis essen, Sonstiges . . .
Das Taschengeld bekommst du wöchentlich.

Im großen und ganzen war Thorsten mit den neuen Rechten sehr zufrieden und akzeptierte auch die Pflichten. Allerdings fand er, seine Eltern sollten ihm erlauben, sowohl Freitag- als auch Samstagabend bis 22 Uhr wegzubleiben. Die Eltern stimmten zu unter der Bedingung, daß Thorsten am Sonntagmorgen mit ihnen zum Gottesdienst ging.

Schließlich sagte sein Vater noch: „Wir erwarten nicht von dir, daß du alles perfekt machst, aber wir möchten, daß du dir Mühe gibst. Wenn es mit den Rechten und Pflichten in diesem Jahr gut klappt, dann wirst du im nächsten Jahr noch mehr Dinge selbst entscheiden können und noch größere Verantwortung bekommen.

Unser Ziel dabei ist es, daß du, wenn du erwachsen bist und aus dem Haus gehst, allein gut zurechtkommst. Wir haben uns das ungefähr so vorgestellt . . .“

Thorstens Vater zog ein Blatt hervor (siehe Abbildung 5, S. 152) und sagte: „Laß uns das mal zusammen anschauen, und du sagst, ob du das so in Ordnung findest.“

Gemeinsam unterhielten sie sich über die Ziele, die Thorstens Eltern auf diesem Blatt für ihren Sohn gesetzt hatten. Der Vater wies auf die Steigerung hin, die von der ersten Stufe des „Fahrplans“ (dem Kästchen, das er gerade erhalten hatte) bis zur letzten Stufe, dem 18. Lebensjahr, und zur vollen Unabhängigkeit führt.

Thorsten hatte dazu ein paar Vorschläge. Er fand, daß eine Freundschaft schon mit vierzehn erlaubt sein sollte, solange die beiden sich im Rahmen einer größeren Gruppe trafen. Nach kurzer Diskussion stimmten Vater und Mutter zu.

„Du kannst deine Rechte und Pflichten auch ein wenig ausdehnen oder einschränken“, sagte der Vater. „Das liegt bei dir, wie du damit zurechtkommst. Wir glauben nicht, daß du uns enttäuschen wirst. Wir freuen uns darauf zu sehen, wie du allmählich erwachsen wirst und lernst, verantwortungsbewußt zu handeln.

Hast du noch Fragen?“

„Ja“, sagte Thorsten augenzwinkernd. „Kriege ich noch einen Eisbecher zum Nachtisch?“

Den Weg zur Selbständigkeit gestalten

Möglicherweise haben auch Sie noch Fragen. Vielleicht können Sie sich vorstellen, daß dieses „Jahresbox-System“ ganz vorteilhaft sein könnte, aber Sie fragen sich, wie Sie so etwas in Ihrer speziellen Situation bewerkstelligen sollen. Zunächst einmal brauchen Sie einen Plan. Hier einige Gedanken zu ein paar wichtigen Themen:

Abends weggehen

Als unsere Söhne dreizehn waren, erlaubten wir ihnen, an einem Abend am Wochenende bis 22 Uhr wegzubleiben unter der Voraussetzung, daß wir wußten, wo sie sich aufhielten und mit wem sie zusammen waren. Mit jedem weiteren Geburtstag verlängerte sich diese Zeit um dreißig Minuten, so daß die Jungen mit siebzehn bei 24 Uhr angelangt waren. Mit achtzehn durften sie selbst bestimmen, wann sie nach Hause kamen.

Einige Eltern hielten uns entgegen, daß ihre Dreizehnjährigen solch eine Regelung nicht brauchten, da sie nur sehr selten abends nicht zu Hause wären. Trotzdem ist es hilfreich, eine Regel festzusetzen, noch bevor die Notwendigkeit dafür besteht. Die Zeit können Sie dann in jedem Jahr erweitern. Ihr Sechzehnjähriger/Ihre Sechzehnjährige, der/die um 23.30 Uhr zu Hause sein muß, fühlt sich nicht so schnell bevormundet, selbst dann nicht, wenn seine/ihre Freunde länger wegbleiben dürfen, denn die Ausgehzeit ist ja im Vergleich zum vorigen Jahr verlängert worden.

Diese Regel ist bei uns beileibe nicht ehernes Gesetz. Bei besonderen Anlässen oder Aktivitäten in der Schule machen wir schon mal eine Ausnahme. Und wenn ein Sohn abends anruft, es würde ein bißchen später, geben wir gern ein paar Minuten zu. In den meisten Fällen haben wir damit „Mitternachtsabenteuer" vermieden, aber immer hat es auch nicht geklappt!

Schule, Hausaufgaben

Als unsere Söhne dreizehn waren, beaufsichtigten wir noch hin und wieder ihre Hausaufgaben, arbeiteten aber darauf hin, sie nach und nach die volle Verantwortung dafür übernehmen zu lassen. Das geschah nicht bei jedem unserer Söhne im gleichen Alter; es hängt von der jeweiligen Reife des Jugendlichen ab.

Als unsere beiden älteren Söhne in der Oberstufe waren, hatten sie sich vollkommen selbständig um ihre Hausaufgaben zu kümmern, selbst dann, wenn sie die Prioritäten noch durchein-

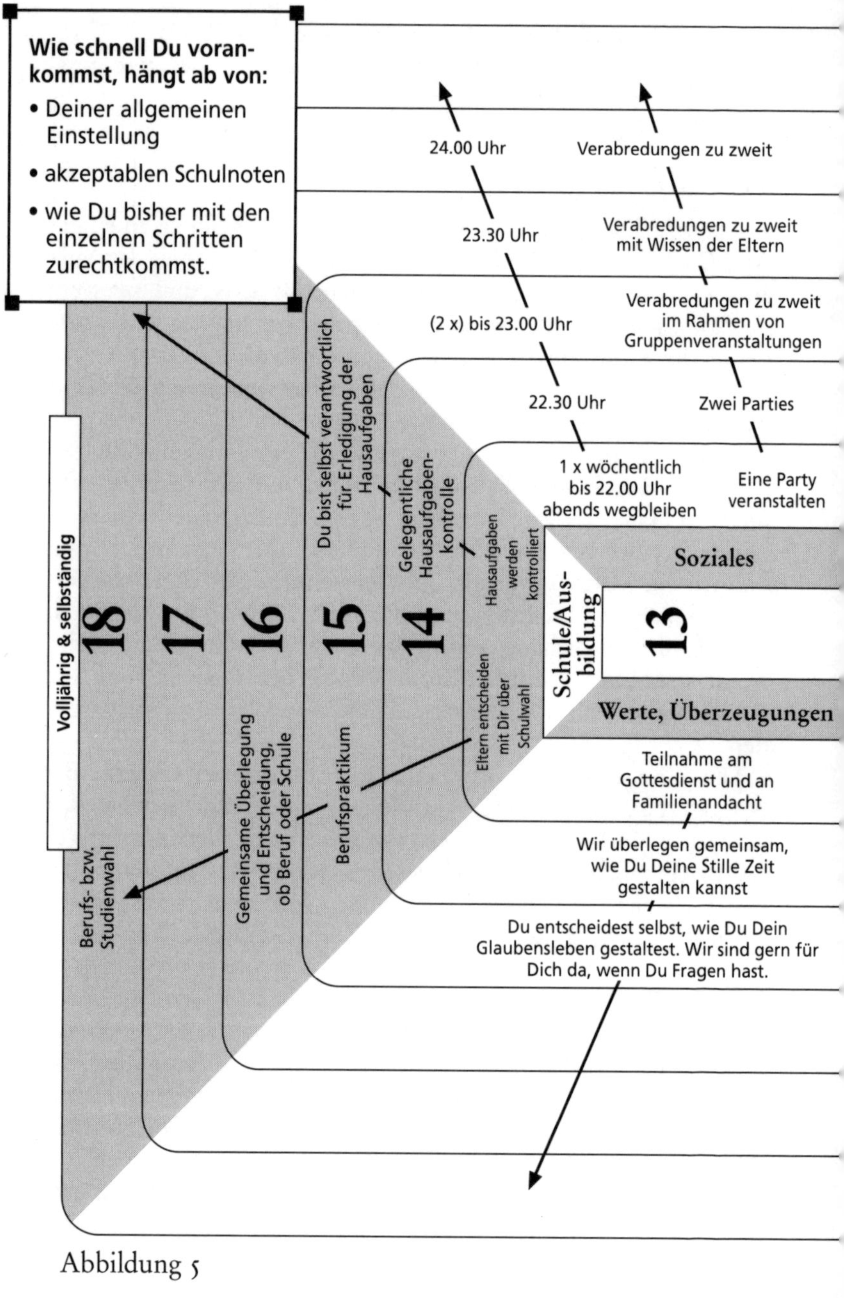
Wie schnell Du vorankommst, hängt ab von:
• Deiner allgemeinen Einstellung
• akzeptablen Schulnoten
• wie Du bisher mit den einzelnen Schritten zurechtkommst.
24.00 Uhr
23.30 Uhr
(2 x) bis 23.00 Uhr
22.30 Uhr
1 x wöchentlich bis 22.00 Uhr abends wegbleiben
Verabredungen zu zweit
Verabredungen zu zweit mit Wissen der Eltern
Verabredungen zu zweit im Rahmen von Gruppenveranstaltungen
Zwei Parties
Eine Party veranstalten
Soziales
13
Schule/Ausbildung
Werte, Überzeugungen
Hausaufgaben werden kontrolliert
Eltern entscheiden mit Dir über Schulwahl
14
Gelegentliche Hausaufgabenkontrolle
Berufspraktikum
15
Du bist selbst verantwortlich für Erledigung der Hausaufgaben
16
Gemeinsame Überlegung und Entscheidung, ob Beruf oder Schule
17
18
Volljährig & selbständig
Berufs- bzw. Studienwahl
Teilnahme am Gottesdienst und an Familienandacht
Wir überlegen gemeinsam, wie Du Deine Stille Zeit gestalten kannst
Du entscheidest selbst, wie Du Dein Glaubensleben gestaltest. Wir sind gern für Dich da, wenn Du Fragen hast.

Abbildung 5

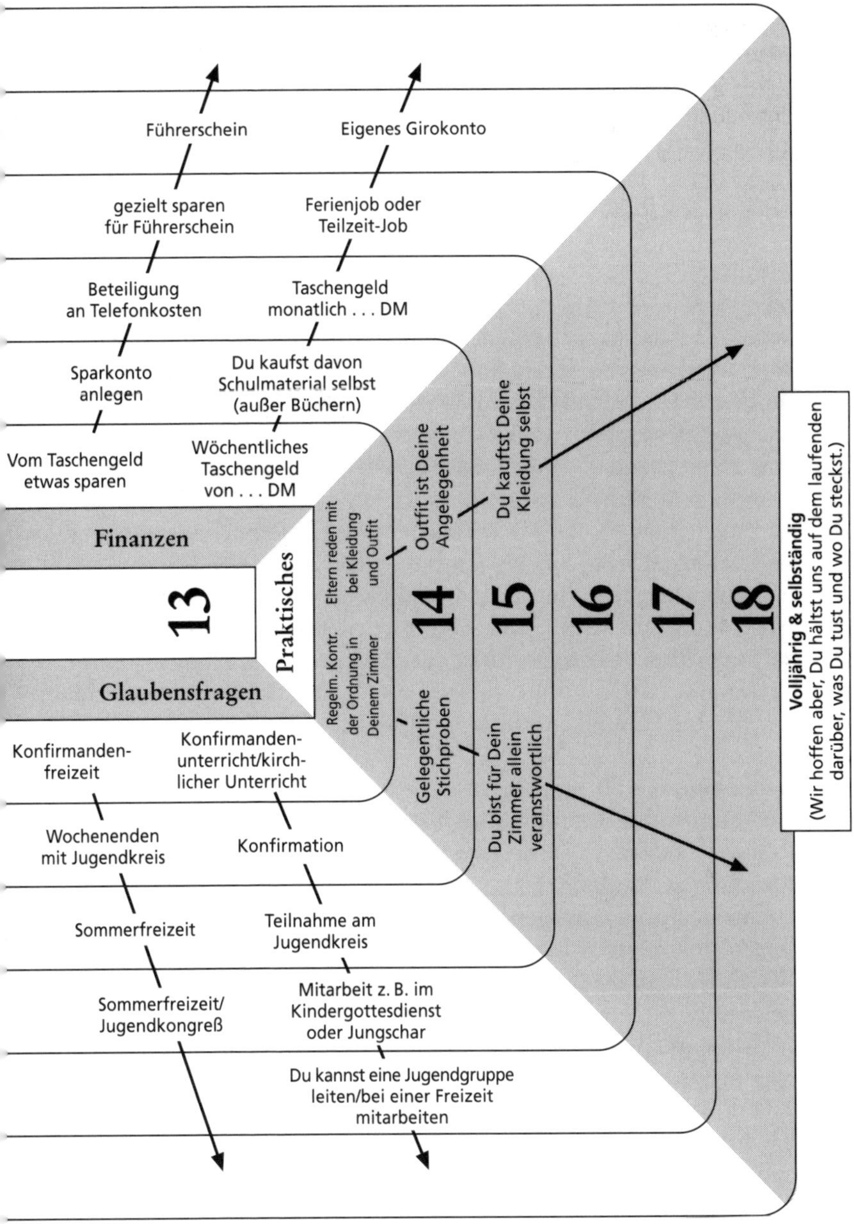

Finanzen
Vom Taschengeld etwas sparen
Sparkonto anlegen
Beteiligung an Telefonkosten
gezielt sparen für Führerschein
Führerschein
Wöchentliches Taschengeld von . . . DM
Du kaufst davon Schulmaterial selbst (außer Büchern)
Taschengeld monatlich . . . DM
Ferienjob oder Teilzeit-Job
Eigenes Girokonto
13
Praktisches
Eltern reden mit bei Kleidung und Outfit
Outfit ist Deine Angelegenheit
Du kaufst Deine Kleidung selbst
Regelm. Kontr. der Ordnung in Deinem Zimmer
Gelegentliche Stichproben
Du bist für Dein Zimmer allein veranstwortlich
14
15
16
17
18
Volljährig & selbständig
(Wir hoffen aber, Du hältst uns auf dem laufenden darüber, was Du tust und wo Du steckst.)
Glaubensfragen
Konfirmanden-freizeit
Wochenenden mit Jugendkreis
Sommerfreizeit
Sommerfreizeit/ Jugendkongreß
Konfirmanden-unterricht/kirch-licher Unterricht
Konfirmation
Teilnahme am Jugendkreis
Mitarbeit z. B. im Kindergottesdienst oder Jungschar
Du kannst eine Jugendgruppe leiten/bei einer Freizeit mitarbeiten

anderbrachten, und das war verschiedentlich der Fall. Sie lernten dabei eine wertvolle Lektion, wie man seine Zeit einteilt, und das wiederum kam ihnen später an der Universität zugute. Da sie bereits vorher Erfahrungen damit gemacht hatten, so selbständig zu arbeiten, wie es das Studium erfordert, waren sie nun in der Lage, die Freiheit des Studentenlebens mit viel mehr Verantwortung zu gestalten.

Zimmer

Wenn Sie die Verantwortung für den Zustand des Zimmers unter den neuen Zuständigkeitsbereichen in der Jahresbox angeführt haben, dann überlassen Sie Ihrem Sohn/Ihrer Tochter auch die Verantwortung dafür! Gelegentliche Hilfe ist sicher willkommen, aber manchmal ist es besser, die Tür des Zimmers zuzumachen, als das Abkommen zu verletzen. Denken Sie daran: Dies ist ein Lernprozeß.

In diesem Bereich hatten wir sehr unterschiedliche Ergebnisse zu verzeichnen. Einer unserer Jungen war so ziemlich von Anfang an ein Muster in häuslicher Ordnung. Der andere hauste in einer unglaublichen Unordnung und fand die entsprechenden Pflichten Jahr für Jahr in seiner Jahresbox wieder. Beiden ging am Schluß auf, worauf es ankommt: Es ist eure Verantwortung, nicht unsere. Zumindest hatten unsere Jungen, als sie das Haus verließen, die wichtigsten Grundkenntnisse in Haushaltsdingen erworben.

Aussehen, Kleidung, Frisur

Ab wann sollte Ihr Sohn/Ihre Tochter selbst bestimmen, welche Frisur er/sie trägt? Wann ist er/sie in der Lage, selbst seine/ihre Kleidung zu kaufen?

Unsere Jungen kamen anfangs mit verkehrten Größen von ihrer Einkaufstour zurück. Einer beschwerte sich: „Aber der Verkäufer hat doch gesagt, das T-Shirt wird größer, wenn es gewaschen ist." –

Wann ist Ihr Teenager in der Lage, selbst seine Wäsche zu waschen und zu bügeln?

Wir haben Pullover aus der Waschmaschine kommen sehen, die auf die Größe von Zwergenkleidung geschrumpft waren. Es gab auch gelegentlich rosafarbene Unterwäsche, aber diese Pannen sind ein Teil der Übung. Viel zu oft bringen selbst erwachsene Söhne die schmutzige Wäsche noch immer zu Muttern. Wenn unsere Söhne uns vom College aus besuchten, wanderte ihre Wäsche jedenfalls nicht in Mutters Wäschekorb.

Geld

Manche Jugendliche haben ein angeborenes Talent, Geld anzusammeln; andere dagegen sind Naturbegabungen darin, es zu verschleudern! Wir begannen damit, daß unsere Kinder ihr Geld für Schulsachen, Eis, Süßigkeiten etc. selbst verwalteten. Sobald sie darin bewiesen hatten, daß sie einteilen konnten, durften sie sich auch Kleidungsstücke kaufen, und sie bekamen das Taschengeld nicht mehr wöchentlich, sondern monatlich.

Auch kleinere Arbeiten und Jobs in den Ferien fielen in diesen Bereich. Mit dreizehn mähte Joel im Sommer stets den Rasen. Er und Jarrett arbeiteten mit vierzehn in einem Pfadfindercamp mit.

Noch einmal: Die Ziele, die wir für unsere Söhne setzten, sahen bei jedem Kind anders aus. Neben all seinen Aktivitäten außerhalb der Schule hätte Jarrett nicht gleichzeitig arbeiten und trotzdem seine Hausaufgaben erledigen können. Joel hielten gelegentliche Jobs auf Trab und ersparten ihm Schwierigkeiten. Selbstverständlich braucht der Teenager in der Zeit, in der er außer Haus arbeitet, in der Familie nicht so viele Pflichten zu übernehmen wie sonst.

Sobald Jugendliche regulär arbeiten und ihr eigenes Geld verdienen, ist ein eigenes Konto selbstverständlich. Vielleicht möchten Sie vorschlagen, daß Ihr Sohn/Ihre Tochter einen bestimmten Anteil des verdienten Geldes für eine spätere Ausbildung oder einen sonstigen Zweck zur Seite legt. Dann können Sie diese Regelung als Teil der neuen Verantwortungsbereiche in die Jahresbox aufnehmen.

Verabredungen und Partys

Um die Enttäuschung darüber zu mildern, daß wir mit dreizehn noch kein Rendezvous erlaubten, fügten wir den Jahresboxen unserer Söhne eine vorläufige Aufstellung bei, die erkennen ließ, ab welchem Alter sie sich im Rahmen von Gruppenveranstaltungen verabreden konnten und wann mit einem Mädchen allein. Die Aussicht, daß diese Möglichkeiten gar nicht mehr weit entfernt waren, hielt sie davon ab, jetzt zu rebellieren. Zur gleichen Zeit sorgten wir dafür, daß unser Haus immer offenstand für ihre Freunde und die Jugendlichen, mit denen sie zusammen waren.

Glaubensfragen

Eine ganz wichtige Sache in den frühen Teenagerjahren war es, unseren Jungen dabei zu helfen, ihrem Alter entsprechende christliche Literatur aufzutreiben. Mindestens jedes Jahr ein Buch durchzulesen, gehörte zu den Aufgaben, die in der Jahresbox aufgeführt waren. Oft gehörte auch die Teilnahme an einem Jugendkongreß oder einer größeren Freizeit zu den Rechten für das nächste Jahr.

Manche Eltern wechseln sogar die Gemeinde, wenn sie woanders einen guten Jugendkreis für die Kinder finden. Eine Mutter legte in die Jahresbox ihrer Tochter zu deren fünfzehntem Geburtstag den Vorschlag, sich eine andere Gemeinde zu suchen, weil sich das Mädchen in der jetzigen Gemeinde denkbar unwohl fühlte. Noch vor Ablauf des Jahres war die Tochter eine sehr aktive Mitarbeiterin in dieser neuen Gemeinde, die eine sehr lebendige Jugendarbeit hatte.

Wir möchten noch einmal betonen: Wenn Sie einen ausreichend flexiblen „Fahrplan" aufstellen, solange das Kind am Anfang der Pubertät steht und noch offen ist für elterliche Empfehlungen, ermöglichen Sie ihm/ihr einen behutsamen Übergang von dem übernommenen Glauben der Eltern zu den eigenen Wertvorstellungen eines Jugendlichen.

Praktische Fähigkeiten

Vielleicht möchten Sie als neue Zuständigkeitsbereiche Ihres Kindes noch andere Dinge in die Geburtstagsbox aufnehmen, zum Beispiel praktische „Überlebensfähigkeiten" wie Kochen, Nähen und einfache Reparaturen am Auto. Als einer unserer Söhne noch in der Unterstufe auf dem Gymnasium war, empfahlen wir ihm, ein Buch über Kapitalanlagen zu lesen und einen imaginären Aktienkauf an der Börse zu tätigen. Welches Gebiet auch immer Sie wählen – das Ziel ist dasselbe: die Kenntnisse und Fähigkeiten des Jugendlichen zu erweitern, damit er einmal in der Erwachsenenwelt gut zurechtkommt.

Am besten stellen Sie als Eltern zunächst einen vorläufigen und nicht allzu ehrgeizigen Plan auf. Übung 9 kann dabei als

Vorlage dienen. Vielleicht möchten Sie Ihren Teenager an der Planung beteiligen, oder aber Sie überraschen Ihren Sohn/Ihre Tochter mit dem fertigen Plan. Dann wäre es gut, ein Blatt ähnlich wie in Abbildung 5 vorzubereiten. Bei der Gelegenheit, bei der Sie Ihrem Sohn/Ihrer Tochter den Plan präsentieren, können Sie darüber reden und hören, was er/sie für Vorschläge macht, und gemeinsam wird ein definitiver Plan aufgestellt, eventuell unter Zuhilfenahme der Abbildung 5.

Geben Sie der Sache einen besonderen Rahmen!

Wir haben in jedem Jahr unsere Söhne (einzeln) für die Präsentation der nächsten „Jahresbox" zu einem besonderen Essen eingeladen. Natürlich muß es kein auswärtiges Menu sein – aber geben Sie dem Anlaß einen besonderen Rahmen.

Das ganze Jahr über hielten wir Ausschau nach originellen Kästchen. In einem Jahr bekam Jarrett eine kleine Holzbank, ein anderes Mal ein Schachspiel-Set. Unsere Jungen stellten diese Kästchen in ihrem Zimmer auf und benutzten sie für ihre persönlichen Utensilien. Als sie siebzehn waren, besaßen sie fünf originelle Kästchen, und jedes erinnerte sie daran, daß sie ihrem persönlichen „Unabhängigkeitstag" immer näher kamen.

Gemeinsame „Erfolgskontrolle"

Wir fanden es hilfreich, alle sechs oder auch alle drei Monate mit jedem unserer Söhne darüber zu sprechen, wie er mit seinen Rechten und Verantwortungsbereichen zurechtkam. Wenn sich jemand schwertat mit der Selbstdisziplin, setzten wir uns noch öfter zusammen.

Einer unserer Jungen fragte uns ständig: „Ist das gut, was ich mache?" Da er seine Sache wirklich sehr gut machte, hatten wir zwischendurch wenig über das Programm der Jahresbox gesprochen. Nach seinen Fragen jedoch ging uns auf, daß er ein positives Echo brauchte, und so sagten wir beispielsweise gelegentlich: „Du kommst ja ganz prima mit deinen Hausaufgaben klar. Ich glaube, ich brauche mich darum gar nicht mehr zu kümmern."

Was aber passiert, wenn Ihr Teenager es nicht schafft, seinen Aufgaben nachzukommen oder aber in bezug auf seine Rechte über die Stränge schlägt? Wenn sonst nichts hilft, geben Sie ihm/ihr im nächsten Jahr noch einmal dieselbe Box. Wenn Ihr

Kind in einem Bereich Mühe hat, lassen Sie ihn/sie einfach diese Dinge noch einmal wiederholen. Und denken Sie daran: Ihr Kind wünscht sich mehr Freiheiten. Wenn Ihr Sohn/Ihre Tochter begreift, daß diese Freiheiten mit der Übernahme von Verantwortung verbunden sind, steht zu hoffen, daß er/sie Sie nicht enttäuschen wird.

Einer unserer Söhne war in der Schule nicht gerade eine Leuchte, obwohl er bestimmt nicht dumm war. So machten wir die Erlaubnis, den Führerschein zu machen (was in den USA mit 16 erlaubt ist), abhängig davon, daß sich sein Notendurchschnitt besserte. Zunächst war er überhaupt nicht beeindruckt: „Ach Mama, ich bin schließlich in Österreich aufgewachsen, da darf man sowieso erst mit achtzehn fahren. Was soll's also?"

Aber nachdem seine Klassenkameraden nach und nach die Vorzüge des Führerscheins genossen, änderte sich seine Einstellung – und seine Noten besserten sich sichtlich.

Bei einem anderen Sohn konnten wir nicht einfach nach demselben Schema vorgehen. Sobald wir sahen, daß er sich wirklich Mühe gab, durfte er den Führerschein machen, auch wenn sein Notenschnitt noch immer unter dem lag, den wir seinem Bruder als Bedingung gestellt hatten. Er durfte das Auto allerdings nur zu bestimmten Veranstaltungen benutzen.

Vielleicht ist es für Sie nicht der Führerschein – aber das Prinzip ist übertragbar: Verbinden Sie neue Rechte mit einem bestimmten Maß an neuer Verantwortung.

Bevor Sie für gute Zensuren Belohnungen aussetzen, fragen Sie sich selbst: „Was ist für mein Kind angemessen?" Manche Jugendliche arbeiten härter als andere und bleiben doch im unteren Notendurchschnitt, und manche, die weniger tun, sind permanent unter den Besten zu finden.

Unsere Söhne wußten, daß ihnen zugestandene Privilegien von vier Faktoren abhängig waren: von der allgemeinen Einstellung, von ihrer wachsenden Eigenständigkeit in Glaubensfragen, davon, wie sie mit der Schule zurechtkamen und wie gut es ihnen gelang, mit den Rechten und Pflichten in der Jahresbox umzugehen.

Wenn jemand in einem Bereich ganz außerordentliche Fortschritte macht, kann man ihm auch schon einmal eher Freiheiten zugestehen. Zum Beispiel durfte einer unserer Söhne bereits mit fünfzehn statt mit sechzehn ein eigenes Konto eröffnen, weil er großes Talent beim Einteilen seines Geldes bewiesen hatte.

Wie man es auch machen kann

Vielleicht möchten Sie mit der Jahresbox bereits beginnen, wenn Ihr Kind elf oder zwölf ist, und das „Projekt Zwölf-Einhalb" ganz ausfallen lassen.

Die Mutter eines Vierzehnjährigen las von dem Projekt Zwölf-Einhalb; sie kombinierte die Jahresbox mit diesem Projekt und stieg mit der folgenden Aufstellung ein:

Schritte zum Erwachsenwerden für Steffen

1. Was Du anziehst und welche Frisur Du trägst, bestimmst Du selbst.
2. Wir kontrollieren nicht länger Deine Hausaufgaben, helfen Dir aber gern, wenn Du nicht klarkommst.
3. Du darfst in der Schulzeit jetzt immer bis 22 Uhr abends aufbleiben.
4. Du bekommst 50 DM Taschengeld im Monat. Davon mußt Du Ausgaben für die Schule bestreiten (außer Schulbüchern). Du kannst Dir zusätzlich Geld verdienen durch besondere Arbeiten im Haus und auf dem Grundstück.
5. Für Dein Zimmer bist Du allein verantwortlich. Wenn Dein Zimmer nicht in Ordnung ist, darf Mama den Besuch von Freunden verbieten.
6. Du sorgst selbst für Deine Kleidung. Wir zeigen Dir, wie man Waschmaschine und Trockner bedient.

Wir sind sicher, Du schaffst es. Wir haben Dich sehr lieb.
Deine Eltern

Steffen hängte sich dieses Dokument in seinem Zimmer über das Bett und war sehr bemüht, die gesetzten Ziele zu erreichen. An Steffens 16. Geburtstag sprachen sie noch einmal ausführlich über seine neuen Rechte und Pflichten. Für seine Kleidung und andere Dinge sorgt er selbst und lernt jetzt unter anderem, wie man mit dem Mikrowellenherd umgeht.

Steffens neunjährige Schwester schaute sich das Ganze an und beschloß, es ihrem Bruder gleichzutun. In jenem Sommer machte sie sich einen Plan, was sie für sich erreichen wollte; ein Punkt darunter war, bei den Schwimmwettkämpfen in der Stadt mitzumachen. Sie machte dabei nicht nur mit, sondern gewann sogar einen Preis. „Sarah ist die einzige in unserem Team, die sich selbst Ziele gesetzt und sie auch erreicht hat", sagte der Trainer bei der anschließenden Feier zu Sarahs Eltern.

Möglicherweise findet Ihr Teenager die Idee mit der Jahresbox mit dreizehn noch ganz toll, mit vierzehn mag er sie gar nicht mehr. Oder jemand hat mit vierzehn oder fünfzehn nicht die geringste Lust, wenn Sie ihm in diesem Alter mit der Jahresbox kommen. Seien Sie hier erfinderisch, was die Form anbetrifft. Aber behalten Sie im Blick, worum es geht:

Das Wichtigste ist, einen gut durchdachten, realistischen „Entwicklungskompaß" zu erstellen, in dem Freiheit und Verantwortung der persönlichen Entwicklung der Jugendlichen angemessen sind, und diesen Prozeß für Ihr Kind einsichtig zu machen. Abbildung 5 zeigt *eine* Möglichkeit, wie ein solcher „Kompaß zur Unabhängigkeit" aussehen könnte. Wenn Sie etwas Ähnliches für Ihr Kind überlegen, sollten Sie erfinderisch sein: Sie können Rubriken einfügen, etwa die Förderung von besonderen Interessen oder Begabungen, und streichen, was für Ihr Kind nicht zutrifft. Es ist eine Anregung, kein starres Schema.

Wie Jugendliche lernen, Entscheidungen zu treffen

Immer wieder haben wir uns in den vorangegangenen Kapiteln darüber unterhalten, wie man Jugendlichen helfen kann, eigene Entscheidungen zu treffen. Nun möchten wir ein paar Vorschläge machen, wie Sie diesen Prozeß unterstützen können:

Beteiligen Sie Ihre Kinder an familiären Entscheidungen

Vor mehreren Jahren standen wir vor einer wichtigen Entscheidung. Unsere Aufgabe in Österreich ging zu Ende, und wir hatten beschlossen, wieder in die Staaten zurückzukehren. Jarrett näherte sich dem College-Alter, so erschien es günstig, in das amerikanische Schulsystem umzuwechseln. Als zukünftiger Wohnsitz standen die Städte Atlanta oder Knoxville zur Debatte. Wir beschlossen, unsere Jungen in den Entscheidungsprozeß mit einzubeziehen. Wir setzten uns mit jedem der Jungen einzeln zusammen und sprachen über das Pro und Kontra der beiden Städte und machten eine Liste. Alle drei sahen mehr Vorteile darin, nach Knoxville zu ziehen, wo wir auch früher gewohnt hatten.

Am Ende jedes dieser Gespräche sagten wir: „Wir freuen uns wirklich über das, was du dazu gesagt hast, und werden es bei unserer endgültigen Entscheidung berücksichtigen. Wenn Gott uns nun woandershin führt, wie würdest du das finden? Würdest du trotzdem in unserer Mannschaft bleiben?"

Alle drei bejahten. Unsere letztendliche Entscheidung traf mit dem Wunsch der Jungen zusammen, da wir nach Knoxville zogen. Obgleich viele Faktoren zu diesem Entschluß geführt hatten, fühlten sich unsere Jungen ernstgenommen, weil sie mit in die Diskussion einbezogen worden waren. Je öfter Jugendliche an einem Entscheidungsprozeß, der die Familie betrifft, beteiligt werden, desto mehr Chancen haben sie, Vertrauen in ihre eigene Fähigkeit, selbst Entscheidungen zu treffen, zu gewinnen.

Geben Sie Gelegenheit, zwischen mehreren Möglichkeiten zu wählen

Kinder in der Pubertät haben es leichter, sich zu entscheiden, wenn man ihnen zwei oder mehr Wahlmöglichkeiten vorlegt. Jonathan spielte unheimlich gern Basketball, genauso begeistert war er aber auch vom Skifahren. Uns war jedoch klar, daß er nicht beides machen konnte, da sich die Trainingsprogramme überschnitten.

„Du mußt dich entscheiden, was du in diesem Jahr machen willst", sagten wir zu unserem Sohn. „Vielleicht schreibst du einmal auf, was bei den beiden Sportarten dafür und was dagegen spricht, und dann nimmst du, was dir am besten erscheint."

Jonathan entschied sich für Skilaufen.

Wenn nun eine Entscheidung gefallen war, haben wir darauf geachtet, daß die Jungen diese Sache auch durchführten. Als Jonathan in einem Herbst zum Beispiel in einem Fußballverein spielte, ermutigten wir ihn, bis zum Ende der Saison weiterzumachen, auch wenn er keine Lust mehr hatte. Wenn er die Frühjahrssaison ausfallen lassen wollte, so war das seine Sache, aber wir bestanden darauf, daß er seine Zusage einhielt und im Herbst bis zum Schluß spielte.

Damit Jugendliche lernen, selbst Entscheidungen zu treffen, ist es wichtig, daß sie ermutigt werden, sich ihre eigenen Gedanken über eine Sache zu machen. Das kann man tun, indem man auf eine direkte Frage mit einer Gegenfrage antwortet, die auf eine eigene Stellungnahme oder Überlegung des Jugendlichen zielt. Wenn man gefragt wird: „Was meinst du dazu?“ oder: „Was würdest du in der Situation tun?“ liegt es nahe, schnell eine direkte Antwort zu geben, aber wir müssen uns erst einmal zurückhalten, bevor wir einen Rat geben.

Geben Sie Verhandlungsspielraum

Es kann sein, daß Ihr Teenager keine Schwierigkeiten damit hat, sich für etwas zu entscheiden, aber Sie können dieser Entscheidung nicht unbedenklich zustimmen.

Einer unserer Söhne war eine Zeitlang zweiter Mannschaftskapitän in der Fußballmannschaft, was täglich stundenlanges Training nach der Schule bedeutete. Am Wochenende spielte er noch Tennis. Jetzt wollte er noch zusätzlich einen Abend in der Woche arbeiten und die Tennishalle putzen, was bedeutete, daß er erst um Mitternacht nach Hause kommen würde.

Wir hatten natürlich Bedenken. „Komm, laß uns die Sache noch einmal von allen Seiten bedenken“, schlugen wir vor. „Hol ein Blatt Papier, dann können wir das Pro und Kontra aufschreiben.“

„Nein, nicht schon wieder!“ maulte unser Sohn.

„Du erzählst, und ich schreibe. Jetzt sag mir, was dafür spricht, daß du abends arbeitest.“ Wir warteten geduldig.

„Also“, sagte unser Sohn schließlich, „ich kriege halt eine Menge Geld dafür.“

Nachdem die Liste vollständig war, schrieben wir noch einiges auf, was dagegen sprach, wie zum Beispiel, daß er dadurch weniger Schlaf bekäme und sich das auf seine schulischen Leistungen auswirken könne.

Irgendwie an einem toten Punkt angelangt, fingen wir an, über die Angelegenheit anhand von drei Punkten zu verhandeln.

1. Wir formulierten das Problem: Unser Sohn wollte einen Abend in der Woche (in der Schulzeit) arbeiten, und wir waren dagegen.
2. Wir überlegten uns ein paar Alternativen:
   a) nur an den Wochenenden arbeiten
   b) an den Wochenenden und an einem Abend in der Woche arbeiten (in welchem Zeitraum?)
   c) am Wochenende und am Nachmittag arbeiten
   d) am Wochenende und zweimal morgens vor der Schule arbeiten und nur die Plätze pflegen (das könnte auch bis in den Abend hinein dauern, aber es würde nicht so viel Zeit in Anspruch nehmen, wie die ganze Halle zu putzen).
3. Zu entscheiden, was nun schlußendlich getan werden sollte, war der letzte Schritt, und wir beschlossen, die vierte Alternative zu nehmen – mit Zustimmung der Hauptperson, versteht sich.

Nimmt das alles nicht wahnsinnig viel Zeit in Anspruch? Ja, gewiß. Aber wir befinden uns ja in dem Prozeß, unsere Kinder anzuleiten, selbst Entscheidungen treffen zu lernen. Natürlich wäre es einfacher zu sagen: „Mach das so . . . oder so . . .“ Aber wie sollen Jugendliche dann lernen, sich selbst für etwas zu entscheiden?

Gestehen Sie Ihrem Kind auch falsche Entscheidungen zu

Das Schwerste bei diesem Prozeß ist es, mitansehen zu müssen, wie unsere Kinder Fehler machen. Wir erinnern uns noch gut, wie Jarrett seinen neuen Walkman auf eine Skitour mitnahm.

„Da passiert schon nichts“, versicherte er uns, „ich trage ihn halt immer bei mir. Es ist einfach zu langweilig ohne Musik.“

„Ich finde es zwar gar nicht richtig, aber es ist deine Entscheidung“, antwortete Claudia. Sie war schon vorher nicht damit einverstanden gewesen, daß Jarrett fast 130 Mark für den Walkman ausgegeben hatte. Aber auch das war seine Entscheidung gewesen.

Bevor er aus dem Zimmer ging, sagte Claudia noch: „Aber wir möchten, daß du vorher noch etwas tust, bevor du dich so oder so entscheidest. Nimm dir ein Blatt Papier und schreibe auf der einen Seite auf, warum du den Walkman mitnehmen willst. Auf der anderen Seite notierst du die Gründe, warum du ihn nicht mitnehmen solltest. Danach liegt die Entscheidung bei dir.“

Wir trauten ihm zu, die richtige Entscheidung zu treffen, nachdem er das Für und Wider gegeneinander abgewogen hatte. Seine Aufstellung sah folgendermaßen aus, und von seiner Perspektive aus gesehen war die Entscheidung nur logisch.

Was dafür spricht:

1. Ich möchte den Walkman mitnehmen.
2. Ich will im Bus Musik hören, damit es nicht so langweilig ist.
3. Wenn das Wetter schlecht ist und wir mal nicht Skilaufen können, habe ich wenigstens Musik.
4. Ich kann mir dann die Musik aussuchen, die ich mag, und muß mir keinen Schrott anhören.
5. Der Walkman ist nicht schwer; ich kann ihn gut verstauen.

Was dagegen spricht:

1. Dazu fällt mir nichts ein, außer, daß er vielleicht verlorengehen könnte, oder jemand klaut ihn.

„Ich bin mir nicht sicher, daß der erste Punkt auf deiner Pro-Liste wirklich gezählt werden kann“, meinte Claudia. „Es ist dein Wunsch, aber kein objektiver Grund.“

Jarrett hüllte sich in Schweigen, darum fragte Claudia: „Bist du sicher, daß du alles aufgeschrieben hast, was dagegen spricht? Was ist eigentlich, wenn der Walkman naß wird oder sonstwie kaputtgeht?“

„Okay, das ist ein Punkt mehr auf der Liste. Aber die Argumente dafür sind immer noch in der Überzahl. Ich nehme den Walkman mit.“

Am nächsten Tag, als der Bus von der Schule abfuhr, sahen wir Jarretts Gesicht, vom kostbaren Kopfhörer umrahmt, hinter dem Fenster.

Ein paar Tage später kehrte unser Sohn von dem Schulausflug zurück – ohne Walkman!

„Ich habe ihn unter meinem Kopfkissen versteckt. Ich habe ihn gar nicht herumliegen lassen! Wie soll ich denn wissen, daß ihn wirklich jemand klaut!?“ jammerte Jarrett.

Claudia enthielt sich der Antwort auf diese Frage und sagte: „Es tut mir wirklich leid, daß man ihn dir gestohlen hat. Ich weiß ja, wie lange du gearbeitet hast, um ihn dir kaufen zu können."

Jarrett hatte damals nicht das Geld, sich einen neuen Walkman zu kaufen, aber er hat aus dieser Erfahrung gelernt. Wenn wir bei den kleinen Dingen anfangen und unsere Kinder daran Vertrauen und Fähigkeiten entwickeln lassen, können wir weitergehen zu den wichtigeren Dingen. Seinen Walkman zu verlieren, war hart für Jarrett, aber die Sache hatte nicht denselben Stellenwert wie zum Beispiel die Frage, ob er einen Computer kaufen und welches Studium er wählen sollte, bei denen Jarrett den gleichen Entscheidungsprozeß mit sehr viel mehr Sachverstand durchlief.

Warum nicht die Chance nutzen?

Sie sind als Eltern gut beraten, wenn Sie praktisch vom Zeitpunkt der Geburt Ihres Kindes an damit beginnen, auf die Unabhängigkeit ihres Sprößlings hinzuarbeiten. So wie Sie in dem Augenblick, wo Sie Ihrem Kleinkind einen Löffel in die Hand drücken, mit dem es allein essen soll, genau wissen, daß ihr Liebling möglicherweise die ganze Wand vollspuckt, gehen Sie auch später Schritt für Schritt Risiken ein. Viel Ärger zwischen Eltern und Jugendlichen kann vermieden werden, wenn man dem Kind mit dreizehn gezielt ein bestimmtes Maß an Freiheiten und an Verantwortung überträgt. Warum diese Chance nicht nutzen?

Übung 9

Jahresboxen

1. Schreiben Sie alles auf, was Ihr Teenager können muß, bevor er oder sie das Haus verläßt.

2. Markieren Sie die Bereiche, von denen Sie den Eindruck haben, Ihr Kind könne bereits die Verantwortung dafür übernehmen.

3. Zeichnen Sie zwei Diagramme (vielleicht wie in Abbildung 5). Tragen Sie die verschiedenen Bereiche und die jährlichen Fortschritte ein, und geben Sie Ihrem Kind ein Exemplar.

4. Überprüfen Sie noch einmal Ihre Vorstellungen:
   a) Gebe ich meinem Kind zu viele Freiheiten? Oder zu wenige?

   b) Übertrage ich meinem Teenager zu viel oder zu wenig Verantwortung?

Kapitel 11

Kurskorrektur zwischendurch

Wir hatten ein Eheseminar gehalten und waren ein paar Tage von zu Hause fort gewesen. Unsere Jungen hatten wir bei Freunden untergebracht, aber ein paar Stunden, bevor wir zurückkehrten, waren sie bereits nach Hause gekommen. Als wir zur Tür hereinkamen, stieg uns augenblicklich der Geruch von Zigarettenrauch in die Nase. Claudia ging rasch hinüber und gab einem unserer Söhne einen Begrüßungskuß. Wie vermutet, roch er nach Zigaretten.

Ohne sich damit aufzuhalten, irgendwelche Fakten zu ermitteln, fuhr Claudia ihn an: „Du hast geraucht! Wie konntest du das tun! Du hast unser Vertrauen mißbraucht!"

„Nein, Mama", verteidigte er sich, „ehrlich, ich habe nicht geraucht!"

„Und wo kommt dann der Zigarettengeruch her?"

„Ein paar Jungs haben voriges Wochenende im Bus geraucht, als wir zu dem Basketballspiel gefahren sind. Ich habe dieselben Sachen an, wahrscheinlich riechen sie deshalb so."

Diese Antwort befriedigte uns keinesfalls. In seinem Zimmer roch es ebenfalls stark nach Zigaretten. Es lagen keine Stummel herum, aber das Fenster war einen Spalt geöffnet, und als Dave hinausschaute, sah er die Kippe unten auf den Steinen liegen.

Wir rekonstruierten in unserer Vorstellung die Situation. Unser Sohn hatte sich in seinem Zimmer eine Zigarette angezündet, hörte unseren Wagen vor dem Haus, schmiß die Zigarette aus dem Fenster und raste in die Küche. Allerdings hatte er nicht daran gedacht, daß der Geruch noch im Zimmer hing, und er hatte die feine Nase seiner Mutter unterschätzt. Dies war nicht das erste Mal, daß wir mit ihm über das Rauchen und über Ehrlichkeit sprechen mußten.

Falls Sie jemals versucht haben, Heranwachsende an Verantwortung und Selbständigkeit zu gewöhnen, werden Sie wissen, daß dies nicht ohne manche Enttäuschung und Pannen wie diese abgeht. Vielleicht besteht das Problem auch darin, daß Sie selbst vom Kurs abgekommen sind und in die falsche Richtung marschieren. Eine Kurskorrektur zwischendurch wäre da hilfreich. Nicht wenigen von uns spricht wahrscheinlich der folgende Brief einer Mutter aus dem Herzen, den sie in einem Moment ziemlicher Verzweiflung verfaßte:

Lieber Gott,

ich fühle mich wie ein völliger Versager. Unsere Familie scheint auseinanderzubröckeln. Ich möchte meinen Job nur allzugern hinschmeißen. Früher hat es mir Spaß gemacht, Mutter zu sein, jetzt ist es ein einziges Chaos! Ich bin anscheinend nur noch fähig, Unzulänglichkeiten zu entdecken – bei mir, meinem Mann und bei den Kindern. Ich habe es satt, dauernd Entscheidungen treffen zu müssen (die dann doch meistens falsch sind), mir ständig Respektlosigkeiten bieten zu lassen, einfach ignoriert zu werden und daß niemand mich wirklich schätzt. Heute abend wünsche ich mir, ich hätte mich niemals für Kinder entschieden.

Ich sage zu meiner Tochter: ‚Ich hab dich lieb', und sie antwortet lässig im Vorbeigehen: ‚Gut zu wissen.' Ich bemerke, wie mein Sohn zu seinem Vater sagt, nö, er wolle nicht mit ihm Tennis spielen, dem wundervollen Beispiel seiner Schwester folgend.

Ich habe mir solche Mühe gegeben, aber es kommt nichts zurück. Alles war umsonst! Das ist ein schreckliches Gefühl.

Hilf mir, Herr, aus diesen Gefühlen herauszukommen und alles wieder mit deinen Augen zu sehen.

Eine verzweifelte Mutter.

Vielleicht sind Sie nicht gerade an einem solchen Tiefpunkt, aber hin und wieder brauchen wir alle eine Kurskorrektur. Sehen wir uns dazu drei verschiedene Situationen an:

1. Sie haben Ihr Bestes gegeben, aber es funktioniert einfach nicht. Zu dieser Kategorie zählen auch die Eltern, die noch mehr als ihr Bestes gegeben haben und damit erreichten, daß ihre Kinder sich immer weiter von ihnen entfernten.

2. Sie haben bisher das gemeinsame Gespräch vernachlässigt. „Jetzt ist es zu spät dafür, eine Beziehung aufzubauen", sagen Sie sich vielleicht. „Wenn ich das bloß in der Zeit getan hätte, als die Kinder noch klein waren, aber irgendwie sind die Jahre von eins bis zwölf einfach verflogen."
3. Sie geben sich geschlagen und sehen keine Hoffnung mehr für die Beziehung zu Ihrem Kind. Dieses Kind spürt Ihre Enttäuschung, und so versinken Sie nun beide in einem Meer von Resignation. Warum soll man überhaupt noch etwas versuchen? Die Beziehung ist sowieso kaputt.

Erkennen Sie sich in einer dieser Situationen wieder? Vielleicht haben Sie diesen Extremzustand noch nicht erreicht. Dieses Kapitel will eine Hilfe dazu bieten, wie man Korrekturen vornehmen kann, wenn Probleme am Horizont auftauchen. Vielleicht befinden Sie sich ja im großen und ganzen auf dem richtigen Kurs und benötigen lediglich die eine oder andere Feineinstellung. Es kann aber auch sein, daß der Kurs total geändert werden muß, um wieder auf die richtige Spur zu kommen.

Es besteht noch Hoffnung!

Egal, in welcher Situation Sie sich befinden – Kurskorrekturen sind immer möglich. Aber diese Korrekturen fangen nicht bei Ihren Kindern an, sondern bei Ihnen! Wir können niemanden ändern – außer uns selbst. Dann kann es passieren, daß unser Gegenüber ebenfalls ein verändertes Verhalten an den Tag legt.

Für uns lag die Kraftquelle, die es uns ermöglicht hat, mit der Veränderung bei uns anzufangen und die Grundsätze anzuwenden, die wir auf diesen Seiten weitergegeben haben, in unserem Glauben. Ohne diese Beziehung zu Gott, ohne seine Kraft, die in unserem Leben Auswirkungen hat, wäre dieses Buch lediglich ein weiterer gutgemeinter Versuch, sich selbst aus dem Schlamassel zu ziehen, aber ohne die Energie, die guten Absichten in die Tat umzusetzen. Für uns bedeutete der Glaube, daß wir uns auf unseren Ursprung besinnen konnten, daß wir uns an Gott wenden konnten, der Beziehungen zwischen Eltern und Jugendlichen ja schließlich gewollt hat. Gott möchte mit jedem von uns eine persönliche Beziehung aufbauen. Dazu kam Christus in die Welt. Und er will uns nicht nur die Kraft geben, seinen Spielregeln in der Beziehung zwischen Eltern und Jugendlichen zu folgen; er möchte jedem von uns ein erfülltes und sinnvolles Leben schenken.

Sicherheit und Geborgenheit für sich selbst in der Beziehung zu Gott, dem liebenden Vater, zu finden, ist vielleicht der erste Schritt dahin, Niederlagen zu überwinden, aber es ist nicht ohne weiteres die Garantie für eine gute Beziehung zu Ihren heranwachsenden Kindern. Denken Sie einmal einige Minuten darüber nach, wie Sie mit Ihrem Kind umgehen. Behandeln Sie ihn oder sie mit demselben Respekt und derselben Höflichkeit, die Sie einem guten Freund entgegenbringen? Wenden Sie Ihrem Kind die Liebe zu, die Paulus im Brief an die Gemeinde in Korinth beschreibt (1. Korinther 13)? Oder beurteilen Sie Ihr Kind nur danach, was es leistet? Das ist allerdings nicht die Basis, auf der Gott mit uns Beziehungen eingeht.

Annette war in diese Falle getappt. Sowohl sie als auch ihr Mann hatten das Studium mit Auszeichnung absolviert. Keinen Augenblick lang hatten sie in Erwägung gezogen, daß ihr Sohn nur ein mittelmäßiger Schüler sein könnte. Als der Junge in der Grundschule war, bemühte Annette sich sehr, ihm zu helfen, gute Noten zu erreichen. Aber in der weiterführenden Schule verbat er sich ihre Hilfe. Seine Zensuren verschlechterten sich. Annettes Selbstwertgefühl war von den schwachen Leistungen ihres Sohnes angekratzt, und mehr noch dadurch, daß er offenbar ihre Hilfe ablehnte.

Die Beziehung zwischen dem Jungen und seinen Eltern verschlechterte sich zusehends. Irgendwann sagte sich der Junge: ‚Ich kann es meinen Eltern sowieso nicht recht machen, warum soll ich mich überhaupt anstrengen?' Mit seinen Zensuren ging es vollends in den Keller. Aber war Annette nicht mit allen Kräften bemüht, eine gute Mutter zu sein? Mit Sicherheit. Und ebenso wichtig war ihr der Glaube. Aber sie hatte vergessen, daß ihr Selbstwertgefühl nicht von ihren Kindern und deren Leistungen abhängig ist, sondern sich darauf gründet, daß sie Gottes Kind ist. Außerdem mußte sie lernen, daß es vollkommen in Ordnung ist, zum Durchschnitt zu gehören. Jemand hat einmal treffend formuliert: „Gott muß unheimlich viel für Durchschnittsmenschen übrig haben; er hat so viele davon geschaffen!"

Die meisten Eltern von Jugendlichen würden sich wohl hin und wieder eine schlagartige drastische Veränderung zum Besseren in der Beziehung zu ihren Kindern wünschen – aber wenn es Veränderung gibt, so vollzieht sie sich meistens allmählich. Auch der Glaube bedeutet ja nicht, daß wir mit einem Schlag ganz andere Menschen werden; sondern daß wir die Beziehung zu Gott jeden Tag wieder aufnehmen und ihm erlauben, unser Leben mehr und mehr zu gestalten.

Machen Sie nicht den Fehler, von Ihren Kindern Anerkennung zu erwarten. Suchen Sie vielmehr Bestätigung und Sicherheit in der Beziehung zu Gott. Was ist das Ergebnis? Sie werden frei werden, Ihre Kinder zu lieben, so wie sie nun einmal sind, ohne Einschränkungen und Bedingungen, so wie Gott es tut. Und Liebe, die keine Bedingungen stellt, ist nicht davon abhängig, wie das Gegenüber darauf antwortet oder wie es sich verhält. Auf dieser Grundlage können Sie sich dann auf zwei wichtige Bereiche konzentrieren:

- Wie kann man Vertrauen aufbauen?
- Wie kann man mit schwierigen Jugendlichen zurechtkommen?

Wie kann man Vertrauen aufbauen?

Einmal stellte Claudia unseren Söhnen die Frage: „Wenn ihr etwas an mir ändert könntet, was würdet ihr ändern?"

Einer gab zur Antwort: „Daß du mir hundertprozentig vertraust!"

Fritz Ridenour schreibt in seinem Buch „What Teenagers Wish Their Parents Knew about Kids", daß er in seinen Elternseminaren stets einen bedeutsamen Grundsatz anspricht: „Sie können nichts dabei verlieren, wenn Sie Ihrem Teenager Vertrauen entgegenbringen; es gibt keine andere vernünftige Alternative. Mißtrauen erzeugt wiederum Mißtrauen, aber wenn Sie nicht aufhören, Vertrauen in Ihr Kind zu setzen, wird diese Botschaft früher oder später bei ihm ankommen."[1]

Fünf Vertrauens-Killer

Wenn zwischen Ihnen und Ihrem heranwachsenden Kind keine vertrauensvolle Beziehung besteht, ist es jetzt an der Zeit, das Vertrauen neu aufzubauen. Versuchen Sie herauszufinden, wodurch das Vertrauen, das normalerweise zwischen Eltern und Kind besteht, getrübt wurde. Vielleicht können die folgenden fünf Situationen dabei eine Hilfe sein.

Vertrauenskiller Nr. 1: Einmal versagt – immer versagt

Es passiert häufig, daß Jugendliche einen Fehler machen und als Reaktion von den Eltern zu hören kriegen: „Wenn ich dir in diesem Bereich nicht vertrauen kann, wie soll ich dir dann auf anderen Gebieten etwas zutrauen?"

Vertrauen ist nichts, was man einmal und nie wieder gewährt; Vertrauen muß dem anderen immer und immer wieder neu entgegengebracht werden. Wenn wir einmal enttäuscht wurden, liegt es nahe zu denken: „Wie kann ich meinem Kind noch vertrauen? Er/sie hat mich belogen. Das kann wieder passieren."

Uns wurde in einer solchen Situation klar: Wenn wir nicht bereit sind, neu Vertrauen zu investieren, hat unser Kind keine Chance, seinerseits wieder Zutrauen zu fassen. Vielleicht sagen Sie etwas wie: „Aus dieser Situation haben wir alle etwas gelernt. Du hast gemerkt, wie wichtig es ist, daß du offen sagst, was du denkst und tust. Das ist doch wirklich ein Fortschritt. Wir wollen uns alle weiter um Offenheit bemühen, egal, um welches Thema es sich handelt. Ich glaube, wir werden das Vertrauen zwischen uns bald wiederhergestellt haben."

Vertrauenskiller Nr. 2: Verurteilen, ohne die näheren Umstände zu kennen

Jeder hat das Recht, angehört zu werden. Sehen Sie Ihr Kind so lange als unschuldig an, bis Sie vom Gegenteil überzeugt werden? Unglücklicherweise neigen Eltern dazu, sofort das Schlimmste anzunehmen, bevor sie alle Fakten kennen, oder Kinder aufgrund bloßer Indizien zu verurteilen.

Bekannte von uns waren über das Wochenende außer Haus gewesen; ihr Sohn war daheim geblieben. Als sie zurückkehrten, war er nicht zu Hause, aber in der Küche quoll das Spülbecken von leeren Bierdosen über. Der Vater erzählte später, sein erster Impuls sei gewesen, sich auf seinen Sohn zu stürzen, sobald der nach Hause kam, und ihn zur Rede zu stellen, warum er ihr Vertrauen mißbraucht habe. Statt dessen hielt er sich wohlweislich zurück und wartete, bis der Junge eine Erklärung für das Geheimnis lieferte. Und was kam dabei heraus? Irgend jemand hatte die Bierdosen über den Zaun in den Garten geworfen, und der Junge hatte Angst, daß die Nachbarn denken könnten, er und seine Freunde hätten eine wilde Party gefeiert. Um Gerede zu vermeiden, hatte er die Dosen ausgespült und sie im Spülbecken gestapelt, und er wollte sie ohne Aufsehen später beseitigen.

Indem er das Positive annahm – in diesem Fall, daß es eine einleuchtende, für den Jungen entlastende Erklärung gab –, vermied dieser kluge Vater einen Riß im Vertrauen zwischen seinem Sohn und ihm.

Vertrauenskiller Nr. 3: Mangelnde Freiheit

Manche Eltern verfahren mit ihren heranwachsenden Kindern nach dem Motto: „Verdient euch erst einmal unser Vertrauen, dann werden wir euch auch vertrauen." Anschließend stellen sie eiserne Regeln auf, die dem Jugendlichen keinerlei Spielraum lassen.

Solche Eltern müssen sich die Frage stellen lassen: „Wie kann Ihr Kind unter Beweis stellen, daß es vertrauenswürdig ist, wenn Sie ihm nicht einen gewissen Freiraum zugestehen, in dem es eigene Entscheidungen treffen kann?"

Kurz nachdem unser Sohn den Führerschein gemacht hatte, erlaubten wir ihm, mit dem Auto zu seinem Job im Tennisclub zu fahren. Als Dave eines Morgens eine Tasche mit Büchern herausholen wollte, die er im Kofferraum gelassen hatte, entdeckte er zu seiner Überraschung, daß die Bücher im ganzen Kofferraum verstreut herumlagen. Wie konnte das passiert sein? Die Erklärung war: Unser Sohn war auf dem Parkplatz des Tennisclubs Slalom gefahren. Natürlich bekam er ein paar Takte über nächtliches Herumrasen auf Parkplätzen zu hören, aber wir verboten ihm nicht, weiterhin das Auto zu benutzen. Warum nicht? Hätten wir gesagt: „Verdien dir erst mal unser Vertrauen, dann darfst du wieder mit dem Auto fahren", hätten wir ihm damit die Möglichkeit genommen, in Zukunft vorsichtiger zu fahren. Echtes Vertrauen zwischen Eltern und Jugendlichen kann nur entstehen, wenn wir ihnen auch gewisse Freiheiten einräumen.

Vertrauenskiller Nr. 4: Die ganze Litanei von Fehlern aufs Tapet bringen.
Andere Eltern neigen dazu, ihrem Kind sämtliche Fehler und Pleiten der Vergangenheit vorzuhalten, sobald es Meinungsverschiedenheiten oder Diskussionen zwischen ihnen gibt. Nicht selten steht dann früheres Versagen unvergeben im Raum. In solchen Situationen muß man sich bewußtmachen: Wir müssen die Fehler unserer Kinder jeden Abend aus unserem Gedächtnis löschen und den nächsten Tag mit einer bereinigten Bilanz beginnen, die keine „Soll-Posten" mehr enthält.

Ein Mädchen erzählte mir einmal: „Mein Vater hält mir ständig den einzigen Abend vor, an dem ich einmal zu viel getrunken habe. Man sollte doch meinen, er hätte kapiert, daß das ein schreckliches Erlebnis für mich war. Ich hatte vorher nie etwas getrunken, und mir wurde schlecht, und ich mußte mich im Auto meines Freundes übergeben. Es war entsetzlich.

Ich habe meinem Vater das alles erzählt, aber wenn ich jetzt abends weggehe, kriege ich jedesmal zu hören, bloß nichts zu trinken, und er kramt immer wieder diese alte Sache raus. Warum kann er nicht seinen Mund halten und mir eine neue Chance geben?"

Natürlich kann man die Befürchtungen dieses Vaters verstehen, aber permanent an einen vergangenen Fehler zu erinnern, ist wohl kaum dazu angetan, eine Vertrauensbasis für die Zukunft zu schaffen. Warum ist dieser Vater nicht viel eher froh darüber, daß seine Tochter ihm die Wahrheit erzählt hat? Dann hätten sie gemeinsam über die Sache sprechen können, wie es dazu gekommen ist und was sie tun kann, wenn sie erneut mit einer solchen Versuchung konfrontiert wird.

Vertrauenskiller Nr. 5: Um das Problem herumreden
Wenn Jugendliche Ausreden erfinden, lügen oder sich heimlich wegstehlen, reagieren manche Eltern so, daß sie sich lang und breit über Vertrauen im allgemeinen auslassen, anstatt den kon-

kreten Vorfall zur Sprache zu bringen und zu überlegen, wie man damit umgeht. „Wie kann ich dir vertrauen, wenn du mich immer anlügst?“ pflegen diese Eltern zu fragen.

Viel besser wäre es zu sagen: „Paß auf, wir wollen unsere Beziehung zueinander nicht zerstören, sondern aufbauen. Es wäre für mich eine große Hilfe, wenn ich mich darauf verlassen könnte, daß du ehrlich zu mir bist. Wir können es ja erst einmal für einen Tag probieren. Ich werde mich bemühen, dich nicht anzumeckern, und du versuchst, nicht um die Wahrheit herumzureden.“

Nachdem Claudia sich so aufgeregt hatte, weil unser Sohn geraucht hatte, wurde ihr klar, daß sie sich erst einmal beruhigen und aus ihrer Angriffsstimmung herausfinden mußte. Das nahm ein paar Stunden in Anspruch. Als wir am Abend dann endlich in der Lage waren, in Ruhe mit ihm über das Ganze zu sprechen, vermieden wir bewußt die Frage: „Was haben wir bloß falsch gemacht?“ Statt dessen konzentrierten wir uns auf die Frage: „Wie kann es jetzt weitergehen?“

Unser Sohn beteuerte seine Unschuld, obwohl das Gegenteil offensichtlich war.

„Wir glauben ja an Wunder“, räumte Claudia ein, „trotzdem sehen wir keine Möglichkeit, daß eine Zigarette sich in deinem Zimmer selbst anzündet und anschließend aus dem Fenster hüpft. Außerdem müßten wir ein wenig beschränkt sein, wenn wir es an deinem Atem nicht gemerkt hätten.“

An diesem Punkt nahm Dave den Faden auf. „So wie ich die Sache sehe“, meinte er, „haben wir es hier mit zwei Dingen zu tun: Erstens Rauchen und zweitens Lügen. Also, wirkliche Sorgen machen wir uns, weil du gelogen hast. Wir haben alle unsere Schwächen und machen oft genug immer wieder dieselben Fehler. Du hast dir so viel Mühe gegeben. Ein Rückfall soll das jetzt nicht alles zunichte machen.“

Nach ein wenig mehr gutem Zureden gab unser Sohn schließlich seinen Fehler zu und war bereit, die Konsequenzen zu akzeptieren, was bedeutete, daß er für eine Woche auf einige Vorrechte verzichten mußte. Wir wollten die Sache damit bewenden lassen, aber wir hatten das Gefühl, daß die Vertrauensbasis zu unserem Sohn reparaturbedürftig war. Darum schrieb Claudia am nächsten Tag folgenden Brief:

Lieber . . .
heute geht mir schon den ganzen Tag unser mißglücktes Wiedersehen von gestern nicht aus dem Kopf. Ich wünschte mir, wir könnten es noch einmal anders machen. Du hast also wieder mit Zigaretten herumexperimentiert. Als ich so alt war wie du, habe ich das auch getan.

Ich habe wirklich keine Angst, daß du mal Kettenraucher wirst. Du bist intelligent genug, um zu wissen, daß Rauchen deiner Gesundheit schadet. In dieser Hinsicht habe ich wirklich Vertrauen in Dein eigenes Urteilsvermögen. Wenn Du Dich entschließt zu rauchen, wenn Du erwachsen bist, so ist das Deine Sache.

Was ich gern ungeschehen machen würde, ist, daß ich gestern abend so heftig geworden bin. Ich habe es Dir damit sehr schwer gemacht, offen zu mir zu sein. Das ist das eigentliche Problem. Wenn ich gewartet hätte, bis ich mich wieder unter Kontrolle hatte, hättest Du vielleicht die Wahrheit gesagt und uns nicht angeschwindelt. Wollen wir für die nächsten Wochen diesbezüglich ein Abkommen treffen?

Mein Part: Ich werde versuchen, Dich nicht zu attackieren. Wenn Du das Gefühl hast, daß ich Dich angreife, dann sag einfach: ‚Moment mal, Mama, ich fühle mich angegriffen. Laß uns noch einmal von vorn anfangen.'

Dein Part: Du bemühst Dich, mir gegenüber ehrlich zu sein, und sagst die Wahrheit, auch wenn es etwas Belastendes ist.

Wir wollen doch beide unser gegenseitiges Vertrauen rasch wiederherstellen. Ich denke, wenn wir einen Tag lang so miteinander umgehen, wird uns das gelingen.

Alles Liebe, Mama.

Noch einmal von vorn anfangen

Offensichtlich ist der erste Schritt dahin, Vertrauen zu erneuern, der Entschluß, diese fünf Vertrauenskiller zu meiden. Als nächstes geht es darum, Negatives durch Positives zu ersetzen, indem wir unseren Kindern erneut Vertrauen schenken. Das mag auf den ersten Blick als riskante und kostspielige Investition erscheinen, aber nach den Erfahrungen vieler Eltern erbringt sie eine hervorragende Rendite.

Wer Jugendlichen Vertrauen entgegenbringt, riskiert damit auch, daß dieses Vertrauen mißbraucht wird. Es wäre zwar schön, wenn wir unsere heranwachsenden Kinder dazu bringen könnten, schwarz auf weiß zu versprechen, uns nicht zu enttäuschen. Selbst wenn wir dieses Versprechen notariell beglaubigen ließen – es wäre trotzdem nur ein Blatt Papier. Wie in jeder Liebesbeziehung müssen Sie das Risiko eingehen, daß man Sie verletzt. Sie werden hin und wieder enttäuscht werden. Das ist der Preis, den man zahlt, wenn man sagt: „Ich liebe dich trotzdem."

Was aber ist, wenn Jugendliche immer und immer wieder lügen, oder wenn Drogen oder Sex im Spiel sind? Natürlich können Sie da nicht einfach den Kopf in den Sand stecken und blindlings vertrauen. Vielleicht müssen Sie auch befürchten, daß Ihr Kind seine Zukunft ruiniert, indem es sich eine Jugendstrafe auf den Hals lädt, und Sie müssen als Eltern alles tun, um Ihr Kind von einem kapitalen Irrweg zurückzuholen und zu überwachen.

Wenn die Situation sich nicht bessert, sollten Sie die Hilfe eines Psychologen oder Therapeuten in Anspruch nehmen, wenn möglich jemand, der auch die Position des christlichen Glaubens einbezieht. Wir sprechen hier von Situationen, in denen es möglich ist, Vertrauen neu zu investieren und aufzubauen. Solange Sie offen miteinander reden, sollte es kein Ding der Unmöglichkeit sein, wieder eine vertrauensvolle Beziehung herzustellen.

Trauen Sie sich selbst!

Wir müssen nicht nur unseren Teenagern Vertrauen entgegenbringen, wir müssen auch uns selbst etwas zutrauen. Wir bemühen uns doch, gute Eltern zu sein. Wir waren vielleicht nicht in jeder Einzelheit konsequent und fehlerfrei, aber wir haben uns doch immer darum bemüht. Vielleicht haben Sie für bestimmte Bereiche einen gezielten Plan aufgestellt wie beispielsweise das „Projekt Zwölf-Einhalb" oder die Jahresboxen. Manchmal funktioniert das. In anderer Hinsicht bleibt Ihnen vielleicht nicht viel mehr als die Hoffnung, daß Ihnen in diesen anstrengenden Jahren Ihr gesunder Menschenverstand nicht abhanden kommt.

Vertrauen Sie auf Gott

Für uns war das Vertrauen auf Gott eine Notwendigkeit. Es hat uns geholfen, weiterzumachen, wenn unsere Kinder uns Sorgen gemacht haben, weil wir wußten: Gott läßt weder uns noch unsere Kinder im Stich. Warum wir das so sagen können? Weil er es oft genug selbst versprochen hat und Menschen es immer wieder erfahren haben:

„Ja, Herr, du wirst dich auch in Zukunft um mich kümmern, deine Gnade hört niemals auf! Was du angefangen hast, das führe zu einem guten Ende!" (Psalm 138,8).

Wenn Sie neuen Mut brauchen, sagen Sie sich Bibelworte vor wie den folgenden:

„Hoffen wir aber auf etwas, das wir noch nicht sehen können, dann warten wir zuversichtlich darauf" (Römer 8,25) oder:

„Alle eure Sorgen werft auf ihn, denn er sorgt für euch" (1. Petrus 5,7).

In einer Konkordanz können Sie alle Bibelverse finden, die mit dem Wort „Hoffnung" zu tun haben.Wenn Sie ganz down sind, lesen Sie einige dieser Verse.

Bitten Sie Gott um Rat

Elternschaft ist kein Beruf, der im Alleingang bewältigt werden soll. Wir haben einen starken Rückhalt bei dem lebendigen Gott und seinen unerschöpflichen Kraftquellen, zu denen wir durch das Gebet Zugang finden können.

Seit mehreren Jahre führen wir für jeden unserer Söhne ein sogenanntes Gebetstagebuch. Meine Gebetsliste liegt in meinem normalen Terminkalender. Jedes Jahr sammeln wir für jeden unserer Söhne eine Reihe von besonderen Gebetsanliegen. Hier einige der Punkte auf unserer Liste für Jonathan, als er fast dreizehn war:

1. Wir beten darum, daß seine Beziehung zu Gott lebendig bleibt und wächst.
   a) daß er Vertrauen in Gottes Führung gewinnt
   b) daß er Freude daran findet, regelmäßig Stille Zeit zu halten
   c) daß er das, was er aus der Bibel weiß, im täglichen Leben anwendet
   d) daß er erlebt, daß Gott Gebete erhört.

2. Wir beten darum, daß er hohe Maßstäbe an sein Verhalten anlegt und die richtigen Überzeugungen gewinnt.

3. Wir beten darum, daß er sich bemüht, in der Schule erfolgreich zu sein
   a) daß er Lust bekommt, Bücher zu lesen
   b) daß er sich in der Schule anstrengt
   c) daß er sich um gute Beziehungen zu seinen Lehrern und Mitschülern bemüht.

4. Wir bitten Gott, daß Jonathan ein starkes Selbstwertgefühl entwickelt.

Wir haben festgestellt, daß wir viel weniger an unseren Kindern herumnörgelten, wenn wir unsere Anliegen im Gebet an Gott abgegeben hatten. Die Probleme sind jetzt in Gottes Hand, darum brauchen wir uns nicht mehr so viele Sorgen darum zu machen. Wenn wir merken, daß Gott auf ein Gebet geantwortet hat, schreiben wir das Datum und diese Erfahrung neben das entsprechende Anliegen. Inzwischen können wir nun schon auf einige Jahre zurückblicken und sehen, wieviel Gott in unserem Leben getan hat.

Wie kann man mit schwierigen Jugendlichen zurechtkommen?

„Es ist ja gar nicht so, daß meine Tochter sich überhaupt nichts sagen ließe, sie ist nur so furchtbar empfindlich", vertraute uns jemand an. „Sie ist kein bißchen flexibel. Sobald wir gegen etwas sind, was sie will, reagiert sie sofort mit Widerstand."

Wie geht man denn mit einem aufsässigen Teenager um? Wenn wir die Patentantwort auf diese Frage wüßten, wären wir vermutlich bereits weltberühmt. Es gibt aber doch ein paar Dinge, die man dazu sagen kann.

Je jünger Ihr Kind ist, um so leichter ist es, die Beziehung zu ihm zu verbessern.

Willensstarke Jugendliche neigen eher zu offener Rebellion. Aber ein starker Wille kann auch ein sehr positiver Charakterzug sein. Wenn wir wieder einmal auf Rebellion besonders bei einem unserer Söhne stießen, trösteten wir uns oft damit, daß alle halbwegs bedeutenden Gestalten der Weltgeschichte einen starken Willen gehabt haben.

Später einmal sagte Claudia zu ihm: „Ich bin ja so froh, daß du als Teenager nicht völlig auf Rebellionskurs gegangen bist." Und weil sie diese Frage schon länger beschäftigte, fügte sie hinzu: „Was hat dich eigentlich davon abgehalten?"

„Ich habe einfach beschlossen, es nicht zu tun", war die lapidare Antwort.

Als wir dann anfingen, dieses Buch zu schreiben, fragten wir unseren Sohn noch einmal: „Du hast mal gesagt, du warst nicht weit davon entfernt, wirklich rebellisch zu werden, aber du hast dich entschieden, es nicht zu tun. Was würdest du Jugendlichen raten, die das Gefühl haben, sie können sich nur noch durch massiven Aufstand retten?"

Er überlegte eine Weile und meinte dann: „Also, ich würde ihnen sagen: ‚Wenn du den Aufstand probst, kriegst du vielleicht eine Zeitlang das, was du willst, aber letzten Endes hat keiner was davon.' Es ist irgendwie so, als wenn du am äußersten Rand einer Klippe stehst. Warum springst du nicht hinunter? Weil du weißt, was dich dann erwartet."

Unser Sohn hatte die Vorteile gegen die langfristigen Konsequenzen abgewogen. Als er so etwas wie Die-ganze-Nacht-Wegbleiben oder irgendein anderes Abenteuer in die eine Waagschale und die Beziehung zu seinen Eltern in die andere legte, stellte er fest, daß das Verhältnis zu uns für ihn mehr ins Gewicht fiel.

Wir möchten ein paar Erfahrungen von Eltern, die einen Weg gefunden haben, mit ihren rebellischen Heranwachsenden zurechtzukommen, weitergeben:

Geben Sie Ihrem Teenager so viel Freiheit wie möglich

Wenn Sie die Zügel fest anziehen, so wird das gerade einen rebellischen Jugendlichen nur noch mehr dazu bringen, gegen Sie zu kämpfen. Wenn irgend möglich, machen Sie Zugeständnisse. Und fragen Sie sich stets: „Ist dies eine wirklich entscheidende Angelegenheit?" Aber wenn Sie dann Nein sagen, achten Sie darauf, daß es auch beim Nein bleibt.

Ihr willensstarker Teenager wird Sie viel eher respektieren, wenn Sie bei Ihrer Entscheidung bleiben. Sprechen Sie über die Sache, erlauben Sie Ihrem Kind, seine Gefühle offen auszudrücken, und wenn Sie einen Fehler gemacht haben, geben Sie es zu. Aber lassen Sie sich nicht beschwatzen, Ihr Urteil umzustoßen, nur um äußerlich wieder eine gewisse Familienharmonie herzustellen.

Als Jarrett sechzehn war, arbeitete er in Deutschland in einem Pfadfindercamp mit. Wir wohnten damals noch in Wien, und wir hatten unseren Urlaub so geplant, daß wir Jarrett zehn Tage, bevor die Schule begann, dort abholen konnten.

Eines Abends rief uns unser Sohn von dem Pfadfinderlager aus an. Während des Gespräches erzählte er uns, daß er einen Luftwaffenoffizier aus Ramstein kennengelernt hatte. „Er hat mich eingeladen, für eine Woche zu ihm auf die Air Force Base in Ramstein zu kommen. Ist das nicht toll? Ihr braucht mich dann hier nicht abzuholen. Ich kann mit dem Zug zurückfahren nach Wien. Während er arbeitet, kann ich mir Videos angucken und außerdem endlich mal wieder die ganzen amerikanischen Süßigkeiten einkaufen, die es in Österreich nicht gibt", ließ er uns wissen.

Wir hatten inzwischen gelernt, auf wichtige Fragen nicht sofort eine Antwort zu geben. Wir sagten Jarrett, wir würden ihn wieder zurückrufen. Mehrere Faktoren führten dazu, daß wir die Bitte unseres Sohnes ablehnten: Wir kannten diesen Mann nicht; wir hatten unseren Urlaub so geplant, daß wir Jarrett abholen und so die Bahnkarte sparen konnten, und wir hatten das Gefühl, daß ihm die paar Tage Ruhe vor dem Schulbeginn guttun würden.

Es gab hitzige Diskussionen, als wir Jarrett unsere Entscheidung mitgeteilt hatten, aber schließlich war er damit einverstanden. Fand er unsere Entscheidung richtig? Keineswegs! Noch

Jahre später war er davon überzeugt, daß wir falsch lagen. Wir sind allerdings heute noch der Auffassung, daß wir richtig gehandelt haben.

Das eigentliche Problem bestand nicht darin, daß wir ihm diese Sache nicht erlauben konnten, sondern darin, daß Jarrett unsere Entscheidung und unsere Autorität akzeptierte. „Autorität" und „Widerstand" scheinen ja wie Feuer und Wasser zueinander zu sein. Man kann sie irgendwie nicht harmonisch miteinander verbinden. Wenn wir dort, wo es möglich ist, unseren Jugendlichen Freiheiten geben, werden sie die wenigen Male, wo wir „Nein" sagen müssen, viel eher akzeptieren. Im Endeffekt sagte unser Sohn ja: „Mir ist die Beziehung zu euch wichtiger, als meinen Willen in dieser Sache durchzusetzen."

Aber wir möchten noch einmal betonen: Dies kann bei jüngeren Teenagern funktionieren, deren Eltern immer noch einen großen Einfluß auf sie haben. Bei älteren Jugendlichen muß man vielleicht andere Wege finden.

Respektieren Sie die Privatsphäre Ihres Kindes

„Eltern, die die Privatsphäre ihrer Teenager respektieren – und das ist ein bedeutender Faktor in der Erziehung –, geben damit zu erkennen, daß sie glauben, ihre Kinder haben ein Recht auf einen eigenen Lebensraum. Darüber hinaus ist es unverzichtbar, wenn man Vertrauen aufbauen will. Eltern, die die Telefongespräche ihrer Sprößlinge überwachen oder deren Briefe öffnen und lesen, verletzen das Bedürfnis der Heranwachsenden, einen Teil ihrer Persönlichkeit ganz für sich zu behalten. In Kleidern, Zeitschriften und Schallplatten der Jugendlichen zu kramen oder in Schreibtischschubladen herumzuschnüffeln sind Handlungsweisen, die weit eher zu einer Entfremdung zwischen Kind und Eltern führen als zu Gemeinsamkeiten."[2]

Herumspionieren zerstört die Beziehung und führt zu Mißtrauen. Trauen Sie es Gott zu, daß er Ihnen die Dinge zeigt, die Sie wirklich wissen müssen.

Widerstehen Sie der Versuchung, in Ihrem Kind immer noch den „kleinen Liebling" zu sehen

Je mehr wir mit unseren rebellischen Kindern wie mit einem Erwachsenen reden können, desto besser.

Mit älteren Jugendlichen gibt es andere Probleme

Wir möchten ein paar Vorschläge einer Mutter weitergeben, deren Sohn eine ziemlich abenteuerliche Vergangenheit hinter sich hatte: Er hatte Alkoholprobleme, schlechte Noten, flog von der Schule und hatte einige Autos zu Schrott gefahren.

Die Mutter sagte: „Wenn man bereits in den frühen Teenagerjahren den Einfluß auf die Kinder verliert, ist es später um so schwerer. Ich habe gelernt, daß ich meinem Impuls, meinen Sohn zu kontrollieren und zu manipulieren, nicht nachgeben darf. Gott gibt uns auch die Freiheit zu wählen. Dasselbe sollen wir auch tun.

Es ist nicht leicht, aber ich habe versucht, meinen Sohn ganz Gott zu überlassen. Wenn er meinen Rat und meine Vorschläge ablehnt und meine Meinung nicht hören will, sage ich eben nichts mehr dazu. Wenn er mich etwas fragt, rate ich ihm schon mal, die Antwort bei Gott zu suchen. Ich bin jedenfalls nicht mehr die, die ihn unter Druck setzt."

Diese Mutter hielt sich konsequent an diese Verhaltenslinie. Ihr Sohn studiert mittlerweile und arbeitet nebenbei, mit seinem Studium kommt er gut voran, und die Beziehung zu seiner Mutter ist weniger belastet und gestaltet sich immer besser.

Zum Schluß:

Fritz Ridenour bringt das Thema „Kurskorrekturen zwischendurch" auf den Punkt, wenn er sagt: „Nachdem ich drei eigene Kinder aufgezogen und mit einer Vielzahl von Kindern gesprochen habe, die ich nicht aufgezogen habe, bin ich von einem überzeugt: Die Beziehung zwischen Eltern und Kind hat absoluten Vorrang. Wie es zwischen Ihnen und Ihrem Kind aussieht, ist ein Kommentar zu den Verhaltensweisen und Einstellungen, die Sie in die Beziehung einbringen."[3]

Eine Veränderung in der Beziehung zu Ihrem Kind kann heute noch beginnen. Sie können Ihrem Kind Vertrauen schenken, und Sie können auf Widerstand vielleicht so reagieren, wie es die beiden genannten Mütter taten. Und sie können Gott bitten, Ihnen die Weisheit und Geduld für diesen notwendigen Prozeß zu schenken.

Teil 5

Entspannen

Sie können nicht alles unter Kontrolle haben

Kapitel 12

Entspannung – ein Fremdwort?

In der Woche, als Jarrett mit der Schule fertig wurde, ging es bei uns ziemlich hektisch zu. Immer wieder ruhten unsere Blicke verstohlen und voller Stolz auf unserem Sohn, denn er war nun wirklich fast erwachsen.

An einem Abend in dieser Woche übernachtete Jarretts Freund Andy bei uns. Um zehn Uhr verkündete Jarrett: „Mama, wir müssen mal eben zu Andy gehen und etwas holen. Ich rufe dich von ihm aus an."

„Das wirst du schön bleiben lassen", erklärte Claudia, „ich bin fix und fertig. Ich gehe jetzt ins Bett!"

Claudia hat einen leichten Schlaf und hat es niemals fertiggebracht, fest und ruhig zu schlafen, solange ein Sohn der Familie Arp nicht zu Hause war. Sie wachte also um 2 Uhr nachts auf und entdeckte, daß Jarrett und Andy immer noch nicht da waren.

Was macht man in einem solchen Moment? Ruft man die Polizei an oder besser alle städtischen Krankenhäuser? Nur wer so etwas miterlebt hat, kann das Gefühl der Hilflosigkeit nachempfinden, das einen in einer solchen Situation überfällt. Obwohl sie sich immer wieder sagte, daß Jarrett bestimmt nichts zugestoßen war, hatte sie doch ein komisches Gefühl im Magen, als die Minuten verrannen und eine halbe Stunde verging und dann noch eine. Um drei Uhr hörte sie endlich ein Auto in der Einfahrt. Was empfand Claudia in diesem Moment? Erleichterung, Müdigkeit, und sie kam sich dumm vor. Vor allem Dankbarkeit, daß Jarrett und Andy nichts passiert war.

„Jarrett", stellte Claudia unseren Sohn zur Rede, „ich habe mir Sorgen gemacht, ihr hättet einen Unfall gehabt. Wißt ihr überhaupt, wie spät es ist? Wo wart ihr so lange?"

„Oh, Mama", entgegnete unser Sohn mit seinem ganzen Charme, „danke, daß du dir um uns Sorgen gemacht hast."

Nun gehört es zwar nicht gerade zu unseren Lieblingsbeschäftigungen, sich Sorgen zu machen, aber es ist doch nett, daß es mal ein, für den Sie sich interessieren. Oder Sie schließen sich auch einer Elterngruppe an oder gründen selbst eine.

Sport kann ebenfalls dazu beitragen, den Streß, den heranwachsende Kinder verursachen, abzubauen. Sie können Ihrem Ärger und Frust so richtig Luft machen, wenn Sie den Squashball gegen die Wand schmettern, eine Stunde joggen oder sich im Schwimmbad austoben.

Entspannungshilfe 2: Nehmen Sie sich Zeit für Ihre Ehe/Partnerschaft

Studien haben ergeben, daß die schwierigsten Zeiten in der sexuellen Beziehung von Ehepartnern die Zeiten sind, wenn die Kinder klein sind und wenn sie in die Pubertät kommen.

Ein Ehemann sagte uns: „Es hat den Anschein, wir sind uns noch nie so wenig einig gewesen, was die Kinder angeht, wie jetzt.“ Jemand anders berichtete ähnliches: „Wir haben den Eindruck, unsere ganze Beziehung dreht sich nur um unsere Kinder; wir sprechen nur über ihre Probleme und wie wir ihnen helfen können, oder wir sprechen darüber, wo wir enttäuscht und verletzt sind. Es ist so, als ob wir als eigenständige Menschen gar nicht mehr existieren, nur noch als die Eltern unserer Kinder. Das muß doch mal aufhören!“

Was läßt sich tun, um die Beziehung zu Ihrem Ehepartner zu verbessern? Fangen Sie damit an, sich wieder miteinander zu verabreden. Nehmen Sie sich jede Woche ein paar Stunden Zeit, miteinander allein zu sein und an Ihrer Beziehung zu bauen. Sie mögen sich fragen: „Wie sollen wir denn die Zeit dafür finden bei all den Terminen, die unsere Kinder haben?!“

Warum nicht einmal in der Woche miteinander ungestört frühstücken oder essen gehen? Ein Paar in unserem Bekanntenkreis hat den Montagabend für ein regelmäßiges Treffen zu zweit freigemacht, während ihre Tochter im Jugendkreis ist. Und nicht vergessen: Bei diesem Rendezvous wird nicht über die Kinder geredet!

Überlegen Sie auch, ob Sie nicht mal ein Wochenende zu zweit wegfahren können, an dem Sie sich ganz auf Ihre Beziehung zueinander konzentrieren und die Kinder einmal für kurze Zeit vergessen. Wir bemühen uns, das ein paarmal im Jahr zu organisieren. In ein paar Jahren werden Ihre Kinder das Haus verlassen haben, aber Ihr Leben und Ihre Ehe gehen weiter. Beginnen Sie heute damit, auch an Ihrer eigenen Zukunft zu bauen, so wie Sie es für Ihre Kinder tun.

Entspannungshilfe 3: Gönnen Sie sich genügend Ruhe und Schlaf

Durchwachte Nächte kennzeichnen nicht nur die Zeit, in der die Kinder Säuglinge sind; auch während der Pubertät der Sprößlinge bleiben sie mit Sicherheit nicht aus. Wochenenden, die normalerweise der Erholung gewidmet sein sollten, arten zu arbeitsintensiven Tagen für Eltern aus. Eine kluge Mutter erzählte einmal in der Elterngruppe, daß sie immer am Montagmorgen, wenn die Kinder zur Schule waren, noch einmal ins Bett zurückging und bis zum Mittag schlief.

Wenn dies bei Ihnen nicht durchführbar ist, weil Sie berufstätig sind oder andere Verpflichtungen haben, können Sie sich vielleicht den Montagabend freihalten, damit Sie früh schlafen gehen können. Versuchen Sie auch, nicht so viel in den Freitag hineinzupacken, damit Sie am Wochenende einigermaßen fit sind. Fast jeder muß an irgendeiner Stelle Abstriche machen, wenn er nicht nur alle Aufgaben erledigen, sondern auch noch selbst zur Ruhe kommen will.

Entspannungshilfe 4: Lassen Sie sich den Humor nicht nehmen

Wenn in Ihrer Familie spontan gelacht wird, sind Sie zu beneiden. Manche sind darin die reinsten Lebenskünstler, während andere Familien Mühe haben, eine fröhliche Atmosphäre zu schaffen.

Wir pflegten Cartoons und Witze auf die Kühlschranktür aufzukleben. Außerdem bemühten wir uns, auch in den verzwicktesten Situationen nach einer komischen Seite daran Ausschau zu halten.

Sie kennen wahrscheinlich das deprimierende Gefühl, wenn Sie die Küche gründlich geputzt haben und eine halbe Stunde später schon wieder häßliche schwarze Streifen auf dem Fußboden entdecken. Da das bei uns nahezu ständig der Fall war, haben wir einmal in unserer Verzweiflung folgende Notiz am Kühlschrank angebracht:

Entspa

1. Wo fühlen Si
trollieren kö
Gott abgeber

   1.

   2.

   3.

   4.

2. Welche Hob
wenig „Tape
keine haben,
sieren würde

   1.

   2.

   3.

3. Was können S
hung zu Ihre

   1.

   2.

   3.

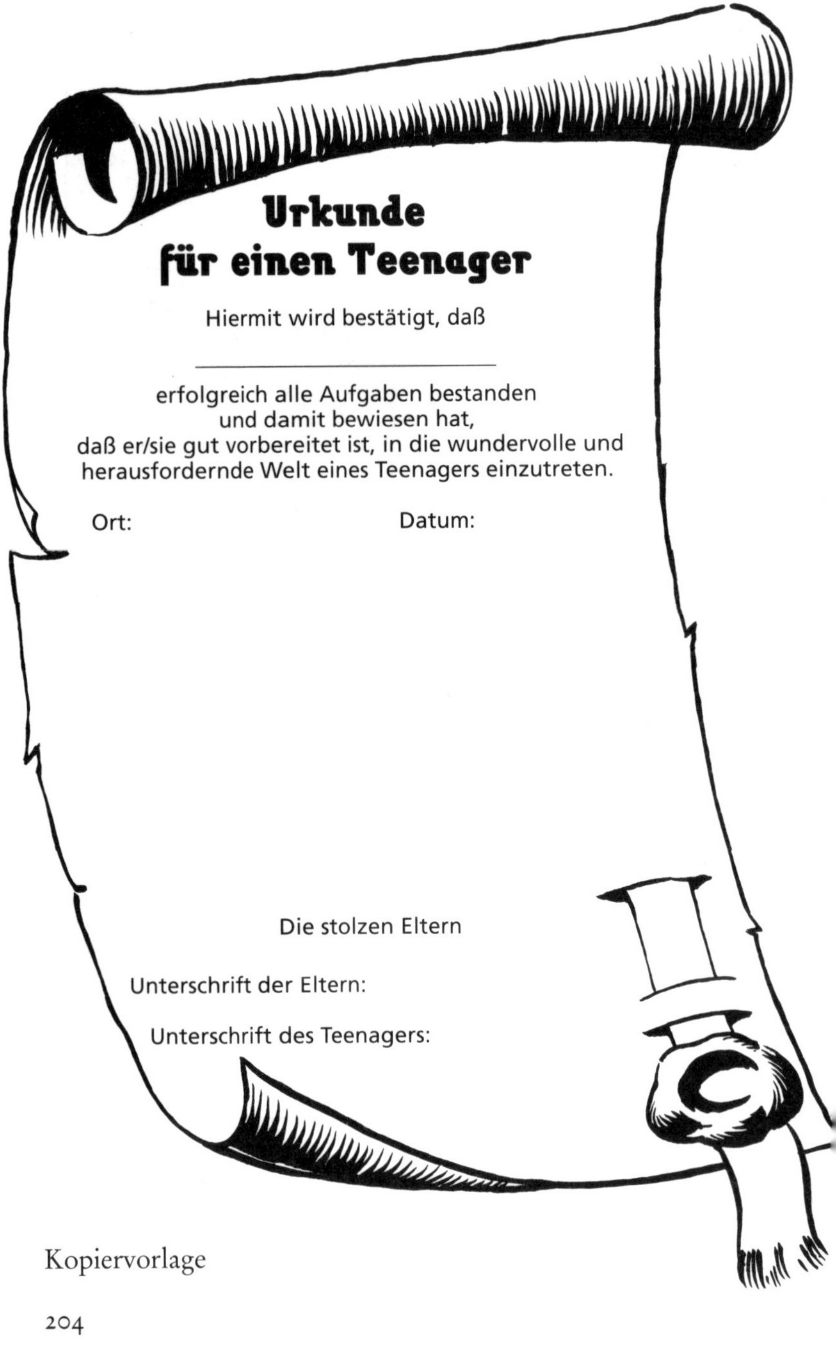

Urkunde für einen Teenager

Hiermit wird bestätigt, daß

____

erfolgreich alle Aufgaben bestanden
und damit bewiesen hat,
daß er/sie gut vorbereitet ist, in die wundervolle und
herausfordernde Welt eines Teenagers einzutreten.

Ort: Datum:

Die stolzen Eltern

Unterschrift der Eltern:

Unterschrift des Teenagers:

Kopiervorlage

haben, aber Ihr Leben und Ihre Ehe gehen weiter. Beginnen Sie heute damit, auch an Ihrer eigenen Zukunft zu bauen, so wie Sie es für Ihre Kinder tun.

Entspannungshilfe 3: Gönnen Sie sich genügend Ruhe und Schlaf

Durchwachte Nächte kennzeichnen nicht nur die Zeit, in der die Kinder Säuglinge sind; auch während der Pubertät der Sprößlinge bleiben sie mit Sicherheit nicht aus. Wochenenden, die normalerweise der Erholung gewidmet sein sollten, arten zu arbeitsintensiven Tagen für Eltern aus. Eine kluge Mutter erzählte einmal in der Elterngruppe, daß sie immer am Montagmorgen, wenn die Kinder zur Schule waren, noch einmal ins Bett zurückging und bis zum Mittag schlief.

Wenn dies bei Ihnen nicht durchführbar ist, weil Sie berufstätig sind oder andere Verpflichtungen haben, können Sie sich vielleicht den Montagabend freihalten, damit Sie früh schlafen gehen können. Versuchen Sie auch, nicht so viel in den Freitag hineinzupacken, damit Sie am Wochenende einigermaßen fit sind. Fast jeder muß an irgendeiner Stelle Abstriche machen, wenn er nicht nur alle Aufgaben erledigen, sondern auch noch selbst zur Ruhe kommen will.

Entspannungshilfe 4: Lassen Sie sich den Humor nicht nehmen

Wenn in Ihrer Familie spontan gelacht wird, sind Sie zu beneiden. Manche sind darin die reinsten Lebenskünstler, während andere Familien Mühe haben, eine fröhliche Atmosphäre zu schaffen.

Wir pflegten Cartoons und Witze auf die Kühlschranktür aufzukleben. Außerdem bemühten wir uns, auch in den verzwicktesten Situationen nach einer komischen Seite daran Ausschau zu halten.

Sie kennen wahrscheinlich das deprimierende Gefühl, wenn Sie die Küche gründlich geputzt haben und eine halbe Stunde später schon wieder häßliche schwarze Streifen auf dem Fußboden entdecken. Da das bei uns nahezu ständig der Fall war, haben wir einmal in unserer Verzweiflung folgende Notiz am Kühlschrank angebracht:

Gesucht: Plattfuß-Küchen-Schleicher!

Fünf Mark Belohnung
für Hinweise auf den Unbekannten,
der mit seinen schwarzen Schuhen
Bremsspuren auf dem Fußboden hinterläßt!

Was kam dabei heraus? Unsere Jungen haben sich amüsiert, aber die schwarzen Streifen erschienen lange nicht mehr so häufig.

Um dem Problem zu Leibe zu rücken, daß in dem kleinen Flur zwischen der Küche und der Hintertür ständig Schulbücher, Anoraks und Inline-Skates herumlagen, installierten wir folgenden Service, den wir mit einer Medienkampagne in Form einer Mitteilung auf der Kühlschranktür vorstellten:

EXTRA-PREISWERTER SPEDITIONS-SERVICE

Wenden Sie sich an
Dienstleistende Eltern e.V.
Sondertarif pro Aufräumeinheit: DM 0,50.
Mengenrabatt nach Absprache.

Die Jungen verstanden den Wink, und Jonathan bezahlte sogar einmal für unsere Speditionsdienste.

Bewahren Sie sich einen Blick dafür, daß auch schwierigen oder ärgerlichen Situationen meist noch ein Grund zum Lachen abzugewinnen ist. Einmal machten Joel und Claudia denselben Fehler. Claudia ließ ihre Gartenschuhe und Joel seine Inline-Skates draußen vor dem Hintereingang liegen. Am nächsten Morgen fehlte sowohl ein Gartenschuh als auch ein Schuh der Inline-Skates. Großes Gelächter, und wir überlegten, ob wohl der Hund unserer Nachbarn beides geholt hatte? Vergessen Sie nicht: Lachen und Entspannung gehören zusammen.

Übung 10 hilft Ihnen, diese Hinweise zur Entspannung für sich umzusetzen.

Der Weg hat ein Ziel

Wir erinnern uns an Momente, in denen wir dachten: Eigentlich ist es doch großartig! Unsere Jungen scheinen auf dem richtigen Weg zu sein. Bald kommen wir wieder in ruhigere Gewässer. Bevor wir es richtig merken, verläßt der Letzte das Nest, und unsere zweiten Flitterwochen beginnen!

Unsere schönen Tagträume fanden ein plötzliches Ende, als eine Freundin, deren Kinder bereits seit einiger Zeit aus dem Haus waren, uns daran erinnerte, daß erwachsene Söhne in der Regel mit Schwiegertöchtern und Enkelkindern wiederkommen und daß die Familie größer und größer wird. Es gibt noch viel mehr Gelegenheiten, einander und auch Gott zu vertrauen und noch mehr Situationen, bescheiden zu bleiben. Uns wurde schnell klar, wie recht diese Freundin hatte.

Deshalb möchten wir Ihnen Mut machen, daß Sie auf Ihrem Weg durch Ihr Leben immer wieder einmal eine Rast einlegen, um die Blumen am Wegrand zu pflücken. Freuen Sie sich an Ihren Kindern, an Ihren Teenagern und Jugendlichen und ihrer Einmaligkeit und Entwicklungsfähigkeit. Halten Sie die Augenblicke der Liebe fest. Haben Sie keine Angst vor der Zukunft, und ziehen Sie die junge Pflanze nicht ständig aus dem Boden, um die Wurzeln zu untersuchen. Genießen Sie die harmonischen Zeiten, und freuen Sie sich auf eine wunderbare Zukunft, die zwar nicht in jeder Hinsicht vollkommen sein wird, aber die Sie mit erwachsenen Kindern teilen werden, die ihre Eltern lieben und respektieren.

Was zählt, ist die Beziehung. Heute. Morgen. Und in alle Zukunft!

Übung 10

Entspannung – ein Fremdwort?

1. Wo fühlen Sie sich für Dinge verantwortlich, die Sie nicht kontrollieren können? Sie können diese Sorgen jeden Abend an Gott abgeben, bevor Sie schlafen gehen.

   1.

   2.

   3.

   4.

2. Welche Hobbys oder Interessen haben Sie, die Ihnen ein wenig „Tapetenwechsel" ermöglichen könnten? Wenn Sie keine haben, schreiben Sie einige Bereiche auf, die Sie interessieren würden.

   1.

   2.

   3.

3. Was können Sie in dieser Woche unternehmen, um die Beziehung zu Ihrem Ehepartner zu festigen?

   1.

   2.

   3.

4. Führen Sie einige Dinge an, die Fröhlichkeit und Humor in die Beziehung zu Ihrem Kind bringen könnten.

5. Und dann: Entspannen Sie sich! Ja, genau Sie!

Anmerkungen

Kapitel 5: Laber mich nicht voll!!

1 Merton und Irene Strommen, Five Cries of Parents, New York 1985, S. 75f.

Kapitel 6: Kapitulation vor dem Chaos?

1 Haim Ginott, Between Parent and Teenager, New York 1969.

2 aus: Ross Campbell, How to Really Love your Teenager, Wheaton, 1981, S. 66–69

Kapitel 8: Wofür lohnt sich eine Auseinandersetzung?

1 Bruce Narramore, Adolescence is not an Illness, Old Tappan 1980, S. 32.

2 Zu diesem Thema z.B. John Wingfield, Jetzt werde ich erwachsen, Gießen 1993 (für Jugendliche vor der Pubertät); Lance Pierson, Alle machen's doch, oder?, Basel 1994; Tim Stafford, Wieso – wir lieben uns doch; L. Scanzoni, Hauptsache, wir lieben uns!, Edition Trobisch.

3 Vgl. „The Chemistry of Craving", Psychology Today, Okt. 1983, S. 37–38. Weitere Literatur zum Thema der Gefährdung Jugendlicher durch Drogen: Stephen Arterburn/Jim Burns, Die Drogenfalle. Wie schützen wir unsere Kinder vor Alkohol und Drogen?, Asslar 1993; Margot Dombrowe, Ab morgen nie wieder. Eine Mutter erlebt die Sucht ihres Sohnes, Freiburg 1991.
Weitere Informationen und Adressen von örtlichen Beratungsstellen erhalten Sie über folgende Stellen:
Blaues Kreuz in Deutschland e.V. , Freiligrathstr. 27, 42289 Wuppertal, Tel. 0202 – 62 10 98 .
Deutsche Hauptstelle gegen Suchtgefahren, Westring 2, 59065 Hamm, Tel. 023 81 – 2 58 55.
Gesamtverband für Suchtkrankenhilfe im Diakonischen Werk der Evangelischen Kirche in Deutschland e.V.; Brüder-Grimm-Platz 4, 34117 Kassel, Tel. 0561 – 10 26 38 / 39.
Blaues Kreuz der deutschen Schweiz, Lindenrain 3, 3012 Bern, Telefon 031 24 11 42.

Auskunft erteilen auch die örtlichen Beratungsstellen der Jugendämter, der Caritas- oder Diakonie-Verbände.

4 nach Art Linkletter/George Gallup, Jr., My Child on Drugs? Youth and the Drug Culture, Cincinnati 1981, S. 15.

5 Z.B. David Lawrence, Ich glaub, mein Großhirn klemmt, Gießen 1995; ders., Schule ist wie Robinson – alle warten auf Freitag, Gießen 1993; Barry Taylor/Dan Wooding, Kalter Hauch, Gießen [3]1994; G. Klempnauer, Was allen Einsatz lohnt, Gießen 1996; Jorginho, Steilpaß, Moers 1996.

6 Susan Schaeffer Macaulay, How to be Your Own Selfish Pig, Elgin, Illinois 1982., S. 17.

Kapitel 11: Kurskorrektur zwischendurch

1 Strommen und Strommen, a.a.O., S. 97ff.

2 Fritz Ridenour, What Teenagers Wish Their parents Knew About Kids, Waco 1982, S. 178.

3 Ridenour, a. a.O.

Kapitel 12: Entspannung – ein Fremdwort?

1 Pat Baker, Help, I've just given Birth to a Teenager, Gran Rapids, 1981, S.73.

Die Autoren:

David und Claudia Arp sind Eltern von drei – inzwischen erwachsenen – Söhnen.

Claudia ist Begründerin der „Mom's Support Groups", später ausgeweitet auf die „PEP groups" (Parents encouraging Parent), die mittlerweile überall in den Vereinigten Staaten und auch in Europa vertreten sind. Claudia hat mehrere Bücher zu Erziehungs- und Familienfragen veröffentlicht.

Heute sind Claudia und David vor allem in der Ehe- und Familienberatung „Marriage Alive" tätig. Sie sind bekannt durch ihre Partnerschaftsseminare in den USA und auch in Europa und verschiedene Veröffentlichungen zu Ehe- und Partnerschaftsfragen, z.B. DAS EHETEAM, Gießen 1994.

1995 waren sie Sprecher der Vereinten Nationen zum Internationalen Tag der Familie in Wien; sie sind Mitarbeiter am UN-Familienforschungsprogramm.

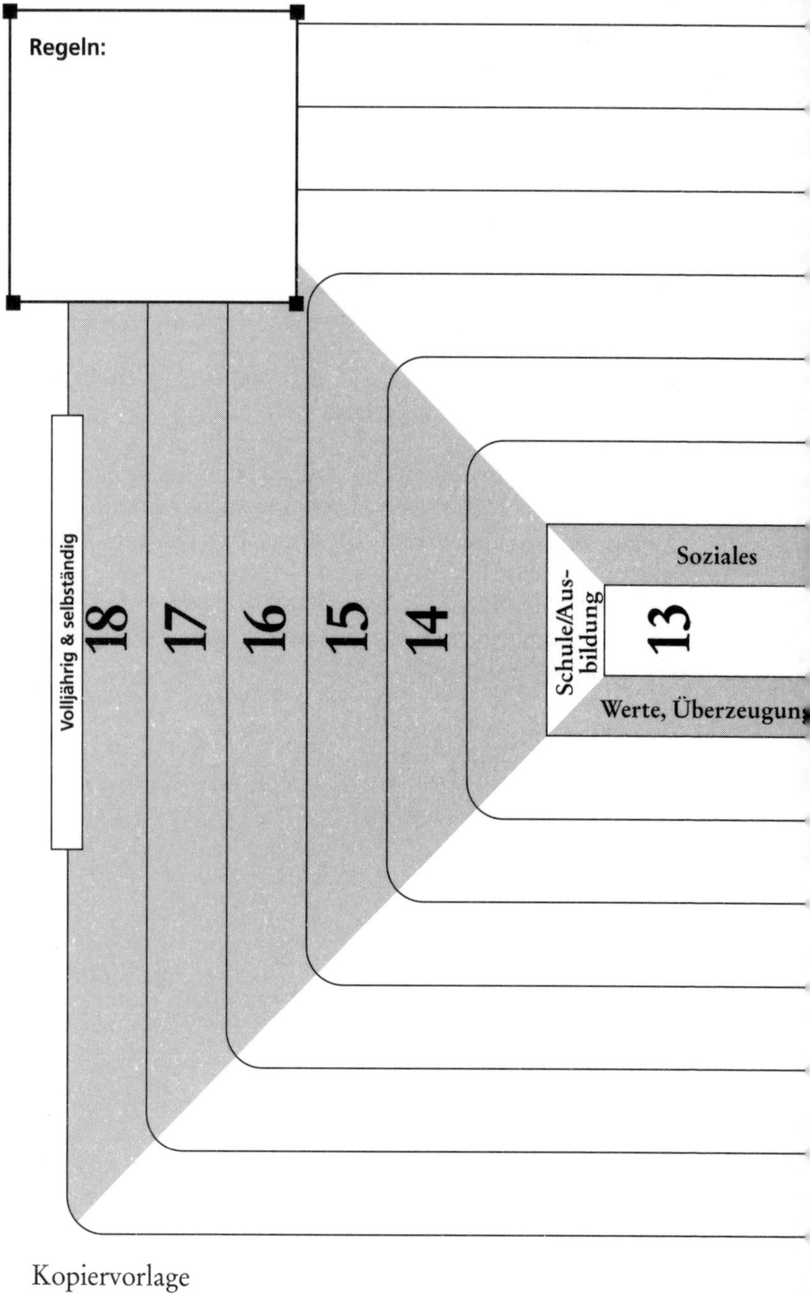

Kopiervorlage

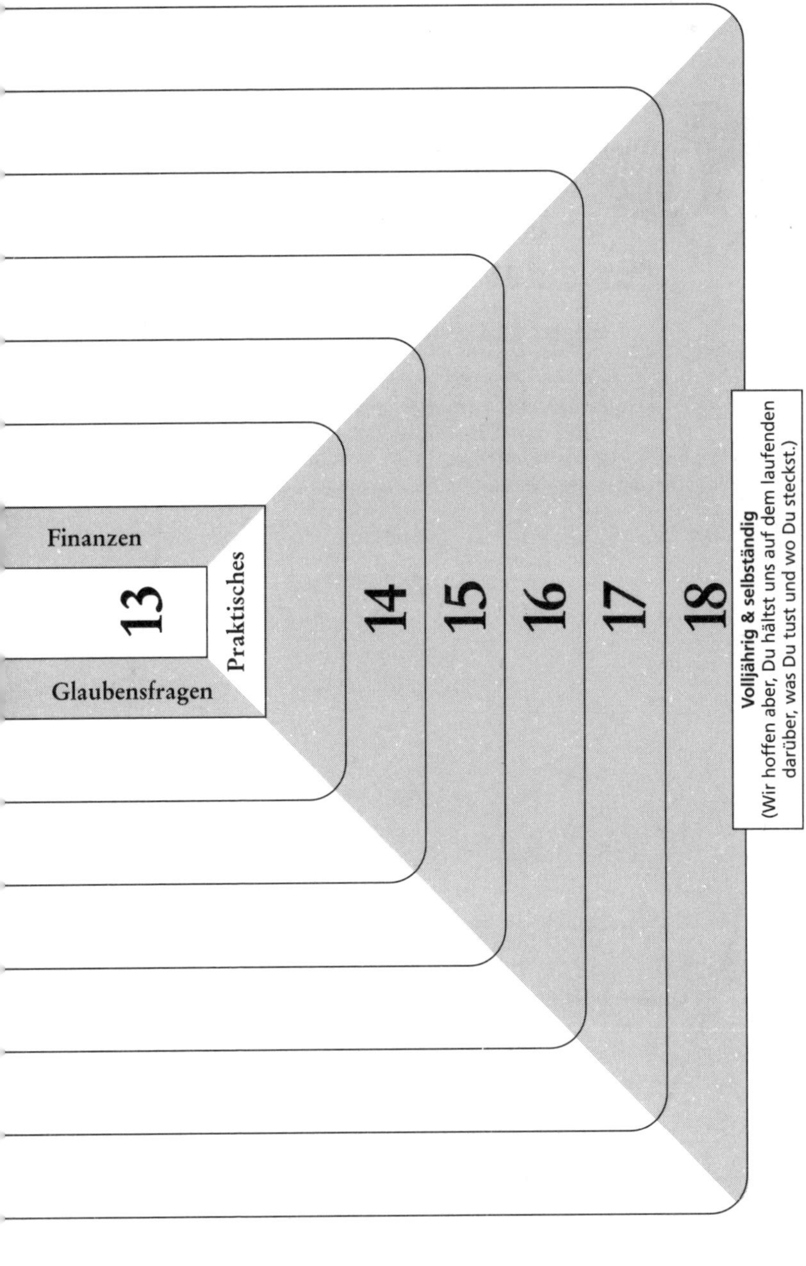
Finanzen
13
Glaubensfragen
Praktisches
14
15
16
17
18
Volljährig & selbständig
(Wir hoffen aber, Du hältst uns auf dem laufenden darüber, was Du tust und wo Du steckst.)

Urkunde
für einen Teenager

Hiermit wird bestätigt, daß

____

erfolgreich alle Aufgaben bestanden
und damit bewiesen hat,
daß er/sie gut vorbereitet ist, in die wundervolle und
herausfordernde Welt eines Teenagers einzutreten.

Ort: Datum:

Die stolzen Eltern

Unterschrift der Eltern:

Unterschrift des Teenagers:

Kopiervorlage

Von denselben Autoren:

Das Eheteam

Fitneßprogramm für die Partnerschaft

224 Seiten.
ABCteam-Paperback.
Bestell-Nr. 3-7655-1048-3

Ist die Ehe, die Sie führen, eigentlich die Ehe, von der Sie immer geträumt haben?

Entdecken Sie Ihren individuellen Kurs für Ihre Ehe, und fangen Sie an, ihn gemeinsam zu steuern – als starkes Team, in dem beide Partner an einem Strang ziehen.

Viele Schritte bestimmen die große Richtung:

- Sag mal, wo wollen wir eigentlich hin?
- Machen Sie mehr aus Ihren Stärken
- So kann ich dich verstehen!
- Sexualität – man kann ruhig darüber sprechen
- Denn Alltag gemeinsam bewältigen oder: Wer bringt denn heute den Mülleimer raus?
- Nur keinen Streit vermeiden! Konflikte lassen sich lösen

und vieles mehr.

Gemeinsam schaffen wir's

Wie Unterschiede in der Partnerschaft zum Gewinn werden

24 Seiten. Geheftet
Bestell-Nr. 3-7655-5178-3

Auszug aus dem »Eheteam«. Claudia und David Arp zeigen, daß gerade in der Gegensätzlichkeit der Partner eine große Chance für ein glückliches Miteinander steckt. Sie fordern zu einer Entdeckungsreise auf, um die eigenen Stärken und Schwächen zu erkennen.

BRUNNEN
VERLAG GIESSEN · BASEL

Überlebenstips für Teenager:

David Lawrence

Schule ist wie Robinson

Alle warten auf Freitag

Überlebenstips für die
fünf schlimmsten Tage der Woche

128 Seiten. Taschenbuch
Bestell-Nr. 3-7655-3468-4

Irgendein armer, irregeleiteter Mensch hat einmal behauptet:
„Die Schulzeit ist die schönste Zeit!" Zugegeben, es gibt ein paar Tage, an denen Schule wirklich ganz nett ist (ich denke da zum Beispiel an den Tag vor den Osterferien, den Tag vor den Sommerferien, den Tag, als der Heizkessel explodierte und wir nach der 2. Stunde nach Hause gehen konnten . . .).
Aber von dem seltsamen Typ, der diesen Spruch gemacht hat, wurde sicher nie erwartet, mit meinem IQ eine von Aumüllers Mathearbeiten zu schreiben. Was daran nämlich schön sein soll, ist mir absolut schleierhaft . . ."

David Lawrence

Ich glaub', mein Großhirn klemmt

Himmlische Powersnacks für
die fünf schlimmsten Tage der Woche

144 Seiten. Taschenbuch
Bestell-Nr. 3-7655-3510-9

. . . damit nicht an der entscheidenden Stelle der Diskussion über Gott und die Welt die Hirnfunktion versagt.
Gute Argumente für knifflige Fragen - für Christen, die mitreden wollen, auch in der Schule.

BRUNNEN
VERLAG GIESSEN · BASEL